ELO

VISITAS DESDE EL CIELO

«Hace muchos años que conozco al doctor Pete Deison y tengo un enorme respeto por su sabiduría y por su amor por la gente. En *Visitas desde el cielo* el discernimiento y la compasión de Deison se destacan a lo largo del libro con el fin ayudar a sus lectores a pasar por las etapas del duelo, incluyendo la pérdida de seres queridos que han elegido el suicidio. También nos alienta con la esperanza y las maravillas de cómo será el cielo, para nosotros como creyentes, así como para los creyentes que hayan cometido suicidio».

—DR. PAUL MEIER
ESCRITOR Y COFUNDADOR DE CLÍNICAS MEIER

«Nada destroza el alma como la muerte repentina de un ser amado. La vida explota en fragmentos encendidos, y tambaleamos hasta que le encontramos sentido a todo. Mi valiente amigo Pete Deison no solo se atreve a mostrarnos su angustia sino que irrumpe en los portales del cielo y explora la Palabra de Dios para encontrar respuestas. Como un bombero experimentado, guía a sus lectores a través de los escombros asfixiantes hasta el aire fresco de la comprensión y la esperanza exquisita. Aquí tienes un libro perfecto para esos días de angustia».

—JEANNE HENDRICKS
ESCRITORA; VIUDA DEL DR. HOWARD HENDRICKS

«Por la tragedia y el sufrimiento, Pete Deison descubrió la esperanza que sana. Ahora en *Visitas desde el cielo,* nos ofrece ese don inspirador. Lo recomiendo ampliamente».

—DR. ROBERT LEWIS
AUTOR Y FUNDADOR DE MEN'S FRATERNITY
(FRATERNIDAD DE HOMBRES)

«Choque, angustia, dolor, vacío y terror son las emociones que sentí cuando comencé a leer la saga de Harriet y Pete Deison. Sin embargo, conforme progresaba me di cuenta de que estábamos frente a una historia de amor que había sido quebrantada por la fragilidad humana y también caracterizada por un amor que solo puede originarse en el cielo. Me encontré con una obra que no desecha el terror de la pérdida humana, la angustia de vivir ni el vacío vacuo de la soledad, sino que ofrece una perspectiva profunda y asistencia para los compañeros de esta travesía por la ciénaga oscura del dolor y la pérdida. El lente teocéntrico y bibliocéntrico a través del cual Peter surca los puntos más bajos de su alma es notable; la perspectiva práctica y su percepción equilibrada son maravillosas. Lloré cuando lo leí, pero coloqué una copia en mi biblioteca como uno de los tesoros de la experiencia de la misericordia divina en medio de una confianza lastimada. Partes del contenido podrían parecer controvertidas y el uso de algunos pasajes cuestionable, pero el mensaje general del libro es que hay un mundo de realidad que va más allá y es más real que este; podemos encontrar esperanza en el carácter de Dios de que la eternidad y el tiempo se interconectan de una manera que podría parecer disociada, pero en realidad no tanto como podamos pensar; hay una profunda explicación bíblica, y de otro tipo, por la que nuestras separaciones son solo momentáneas, por la que nuestros dolores tengan un propósito con reuniones futuras que trascienden el tiempo. "Ahora, pues, permanecen estas tres virtudes: la fe, la esperanza y el amor. Pero la más excelente de ellas es el amor"» (1 Corintios 13.13).

—JOHN D. HANNAH
PROFESOR DISTINGUIDO DE TEOLOGÍA HISTÓRICA Y
PROFESOR DE INVESTIGACIONES DE ESTUDIOS TEOLÓGICOS,
SEMINARIO TEOLÓGICO DE DALLAS

«Un libro escrito con las lágrimas de Cristo, *Visitas desde el cielo* proporciona perspectiva, esperanza e inspiración desde el valle de sombra de muerte. Pete Deison enfrenta la pérdida más insoportable que un esposo pueda experimentar. Como pastor, tuvo que reaprender a cuidar de su propia alma; y como escritor delinea el mapa del terreno angosto de su alma para nuestro beneficio. Este libro es un verdadero don para los que caminamos en la oscuridad de nuestro sendero terrenal, y un tesoro inusual de visión celestial».

—MAKOTO FUJIMURA
ARTISTA Y DIRECTOR, BREHM CENTER

«Pete Deison se ha hecho un trabajo extraordinario aceptando su dolor y buscando de forma agresiva respuestas a preguntas difíciles, sino imposibles. Nos enseña algunas lecciones valiosas sobre cómo superar el dolor del luto. Recomiendo este libro a cualquiera que haya pasado por la muerte de un ser querido».

—SCOTT SUSONG
PASTOR ASISTENTE, SEGUNDA IGLESIA BAUTISTA

«Pete Deison ha escrito un libro con una honestidad extraordinaria e intensa. Él explora de una forma inusual y cautivadora temas muy profundos, como: la enfermedad mental, el amor intenso, el suicidio y la recuperación. Pete y su esposa, Harriet, han sido amigos nuestros desde hace mucho tiempo. La muerte de Harriet nos conmovió profundamente. A Pete se le ha otorgado una gracia poco habitual para entender unas circunstancias extraordinarias que hubieran desecho a cualquier otra persona. Esta es una historia conmovedora, pero es también un libro relevante para cualquier persona que haya estado en la órbita íntima de la enfermedad mental».

—E. PEB JACKSON
PRESIDENTE, JACKSON CONSULTING GROUP

«Con evidencia irreprochable, precisión bíblica y maravillosos encuentros transformadores de vidas, mi compañero de sufrimiento Pete Deison nos muestra que la fina membrana que nos conecta al cielo, desde la tierra, es fácilmente penetrable por la fe. Léalo y deléitese».

—DR. EMMETT COOPER
AUTOR DE THE HONEYWORD BIBLE
FUNDADOR Y PRESIDENT DE HONEYWORD YOU-NIVERSITY

«Tienes una sabiduría que nadie desea. Una sabiduría enriquecida por una experiencia que nadie quiere tener, pero sabiduría de todas formas. Gracias por tratar la depresión y el suicidio de una manera directa, auténtica y vulnerable. La mayoría de las personas en la iglesia tiene miedo de enfrentar estos temas. Gracias por no ser una de estas personas».

—GREG MURTHA
FUNDADOR, LIVING WITH A LIMP
DIRECTOR DE RELACIONES, iDONATE
EXPRESIDENTE, HALFTIME

«Tan pronto recibí mi copia de *Visitas desde el cielo* en el correo, la abrí y comencé a leerla... y la terminé de leer en unas pocas horas. Reí y lloré, y lloré aún más. Me encantó su fundamento bíblico. Las perspectivas personales de Pete y la descripción hermosa de la verdad divina me conmovieron. Es ciertamente un libro que consultaré a menudo. Sin duda alguna Dios usará la jornada de Peter a través del duelo para ayudar a otras personas y acercarlas a él».

—JUDY SUSONG
AMIGA DE TODA LA VIDA

«*Visitas desde el cielo* de Pete Deison es una discusión franca y bíblica sobre el amor, el suicidio, el duelo, el consuelo y el cielo. Expone asuntos sobre los que nos cuestionamos con una mezcla de cuidado y misterio. La confianza y el descanso de Peter en la soberanía de Dios se hace evidente en maneras que podemos aprender, incluso si hay cosas que no podemos "descifrar". Léelo, medita en lo que dice y renueva tu confianza en nuestro grandioso Dios».

—DARRELL L. BOCK
DIRECTOR EJECUTIVO DE RELACIONES CULTURALES,
HOWARD G. HENDRICKS CENTER FOR CHRISTIAN
LEADERSHIP AND CULTURAL ENGAGEMENT
PROFESOR DE INVESTIGACIONES DE ESTUDIOS DEL NUEVO
TESTAMENTO, SEMINARIO TEOLÓGICO DE DALLAS

«Pete traza hermosamente su travesía del dolor a la esperanza, desea de todo corazón encontrar la verdad divina en medio de la confusión y el dolor, y se empeña en enfocar la atención en Jesús, tanto en su propia vida, como en la vida de otros. Nos da un ejemplo de lo que es escuchar con atención la voz del Señor y confiar en él en todas las circunstancias. Lleno de aliento y perspectiva nueva, este libro será de bendición a esas personas con preguntas acerca del suicidio, del duelo, del cielo, y que buscan la voz del Señor; todo ello al mismo tiempo que se centra en la esperanza y la paz que hallamos en Cristo, incluso en medio de la desesperación».

—Kara Davis
Estudiante, Universidad de Arkansas

«Conocí a Harriet Deison en la escuela secundaria, y a Pete en la Universidad de Texas. Sentí una pena enorme por Pete por la pérdida de su querida Harriet, pero también me he regocijado con él durante su travesía por el dolor hacia la esperanza, la confianza en Dios y toda la bondad que hay en el cielo. En este libro Pete desafiará tus pensamientos sobre la puerta entre la tierra y el cielo, la realidad de la voz divina en los sueños, y las formas en las que Dios se comunica con nosotros y a través de nosotros».

—Judy Douglass
Escritora y conferenciante motivacional
Oficina del Presidente, Cru
Autora de Letters to My Children: Secrets of Success

«Camina con el doctor Pete Deison —el doliente-aprendiz (pero siempre maestro)—, conforme avanza a través de la senda del duelo. Como ninguno de nosotros está exento del dolor del luto, podemos aprender de su contagiosa vulnerabilidad, frente a una pérdida terrible, de que no somos *abandonados*. El propósito soberano al permitir la dificultad de una muerte prematura se suaviza por la estrecha cercanía de la tierra con el cielo. Aunque no pretende hacer declaraciones normativas de su apreciada hagiografía, se nos convence de que la circunstancia de duelo es única y se adapta a la persona para su bien. Como he sido testigo del proceso de recuperación de Pete a través de su duelo, me alegra ver que mi compañero de seminario más que capacitado escribió este libro para recordar y honrar a su esposa, y además como un manual de instrucción y guía. Es mi oración que muchas almas angustiadas por el dolor profundo del duelo encuentren una perspectiva espiritual y práctica durante sus momentos de lágrimas y temor a través de esta expresión auténtica de gracia en medio del dolor».

—DR. RAMESH RICHARD,
PRESIDENTE, RAMESH RICHARD EVANGELISM AND CHURCH HEALTH
(RREACH)
PROFESOR, GLOBAL THEOLOGICAL ENGAGEMENT AND PASTORAL
MINISTRIES, SEMINARIO TEOLÓGICO DE DALLAS

«En un mundo donde las redes sociales atraen a las personas para mantenerse conectadas entre sí, Pete nos presenta su historia de amor y la bella conexión que tiene con su esposa, Harriet, aun mucho después de su partida al cielo. Aunque no conocemos muchos detalles sobre las relaciones en el cielo, Pete comparte la esperanza con sus propias experiencias y nos hace ver el cielo de una forma real. Llorarás al ver la mano de Dios en acción y la paz que le ha dado a Pete después de esta pérdida devastadora».

—KEITH CHANCEY, MACE
KANAKUK KAMPS
INSTITUTO KANAKUK INSTITUTE

«Aunque es de fácil lectura, este libro contiene mucha profundidad teológica. También descubrirás que este libro es uno de los mejores en el tema del cielo. Sin embargo, de este lado de la eternidad, adquirirás un conocimiento profundo de algunos de los desafíos mayores de la vida, entre ellos: el duelo, la depresión y el suicidio. Tengo la confianza de que todos los lectores comprenderán mucho mejor algunos de los grandes misterios de la vida, ¡y de la muerte!».

—DR. GENE A. GETZ
PROFESOR, PASTOR, AUTOR

VISITAS
desde el
CIELO

El encuentro revelador de un hombre con la muerte,
el duelo y el consuelo desde el más allá

PETE DEISON

GRUPO NELSON
Una división de Thomas Nelson Publishers
Desde 1798

La vida siempre es una obra que entrelaza el cielo y la tierra.
No puedes tener una cosa sin la otra. Por consiguiente, todas
las dedicatorias deben empezar con nuestro Padre, quien
nos da buenas dádivas. Además, cuando esa buena dádiva
llega en una persona como Harriet Schoellkopf Deison, me
maravillo ante la magnitud de la bondad de Dios. Ella no
era perfecta, sin embargo fue la dádiva perfecta para mí,
tal y como lo planeó mi Padre en el cielo. Gracias, Harriet,
por bendecir mi vida en más maneras de las que alguna vez
supe que harías o podrías hacer. Incluso ahora que estás
en el cielo, los beneficios terrenales que me diste todavía
bendicen mi vida. Y gracias a ti, Padre Santo y bueno.

*Toda buena dádiva y todo don perfecto descienden
de lo alto, donde está el Padre que creó las lumbreras
celestes, y que no cambia como los astros ni se
mueve como las sombras.*

—Santiago 1.17

CONTENIDO

Contenido

PRIMERA PARTE

✤

Una historia de amor celestial

CAPÍTULO 1

AL PRINCIPIO

Si el cielo es un mundo de amor, entonces el camino al
cielo es el camino del amor.

—STEPHEN J. NICHOLS, *HEAVEN ON EARTH*

Estar locamente enamorado es un recuerdo preciso que no puedo olvidar. Solo unas pocas semanas después, supe que la mujer con la que estaba saliendo era la mujer de mis sueños. Era mi penúltimo año en la Universidad de Texas, y un día, con la cabeza en las nubes, me dirigí al edificio de aulas, empecé a subir las escaleras, pero no pisé el último escalón. Me tropecé, me caí, se me rompieron los pantalones y me hice una herida en una pierna. Cuando traté de ponerme de pie en la orilla empinada, me caí y fui a dar a la alcantarilla. Todavía estaba pensando en Harriet cuando el agua de la alcantarilla mojó mi camisa y escuché la campana. Subí gateando, entré corriendo al salón y todos se quedaron boquiabiertos. Ahí estaba yo de pie, con los pantalones rotos, con lodo y hojas por todas partes. Las primeras palabras que salieron de mi boca fueron: «¡Estoy enamorado!». Todos se rieron y siguieron platicando. ¡Todos ellos comprendían! ¿Por qué? El amor te hace hacer locuras...

Cuando el amor parece divino, te cautiva dentro de un mundo de maravillas. Todo cambia. Todo se siente diferente y nuevo. Es difícil explicar este sentimiento. Los que escriben canciones lo intentan, y los poetas lo embellecen; todos saben cuando sucede. Se siente como un pedacito de cielo. Desde entonces he aprendido que las visitas desde el cielo ocurren con más regularidad de lo que sabemos. Simplemente no reconocemos su verdadero origen.

Hoy cuando miro atrás y pienso en la manera en que conocí a Harriet, la fuente celestial de nuestra conexión es tan clara como el cristal. Me asombra la manera tan perfecta en que Dios estuvo actuando tras bambalinas para juntarnos y cumplir nuestros deseos de amor. Dios había estado preparándonos para ese momento durante muchos años.

Fui el séptimo hijo de mis padres, y llegué más de cuatro años después de mi hermano más próximo en edad. Mis padres eran muy religiosos, cariñosos y dispuestos a aceptar lo que Dios les mandara, pero otro hijo no estaba en su lista de deseos. Después mi madre me confesó que cuando yo nací ella le dijo a Dios: «No necesito otro hijo; este es tuyo. Yo solo te pido que se dedique al ministerio». Posiblemente no fui planeado, pero no carecí de amor. Fui muy apreciado y mis necesidades fueron satisfechas.

Con una madre sumamente religiosa y un padre pastor, crecí con una fuerte conciencia de la existencia de Dios. Pero a los once años de edad, mi familia sufrió un trauma que me desestabilizó. Vivíamos en el área de explotación de bosques de pino al este de Texas, y mis padres iban a casa después de recoger a mi hermana en la universidad. Iban por la Carretera 75 y cuando llegaron a la cima de la colina cerca de Centerville, de pronto se toparon con un camión cargado de troncos que estaba varado en la carretera. Mi padre pisó los frenos con fuerza y dio un viraje a la derecha. Pero fue demasiado tarde. El lado izquierdo del auto chocó con el camión de carga, y mi padre murió en el acto. Por la gracia de Dios, mi madre y mi hermana sobrevivieron. Mi madre tardó meses en recuperarse, y llevó sus cicatrices hasta el día de su muerte.

Batallé para asimilar esta tragedia y comprender por qué había sucedido. Pero era demasiado joven e inmaduro para tener un discernimiento justo de Dios y de sus caminos misteriosos.

Después de graduarme del bachillerato, me inscribí en la Universidad de Texas en Austin. Durante mi primer semestre, conocí a una persona que me hizo preguntas sobre mi fe. Percibiendo que yo no tenía certeza al respecto, él me ayudó a encajar las piezas sobre Dios y sobre la fe y sobre la Biblia que yo había reunido a través de los años pero todavía no había conectado. En ese momento, me di cuenta de que Dios estaba buscando tener una relación personal conmigo, y eso cambió toda la trayectoria de mi vida. Finalmente comprendí que mi fe tenía que ubicarse en una Persona, no en una idea, y empecé una relación verdadera con Dios. Con esta nueva comprensión de la fe, mi vida tomó una dirección diferente.

Siempre había querido casarme con una joven bonita y agradable, pero después de convertirme en un creyente comprometido, quería una esposa que también fuera una compañera en mi nueva vida de fe. Pero no tenía idea de cómo andar de un lugar a otro buscando a una joven así. Por alguna razón, nunca pasó por mi mente inmadura pedirle a Dios que me enviara una compañera para mi vida. Cuando anduve por mi cuenta dando traspiés, mis primeras experiencias en citas y cortejos fueron un desastre.

Cuando empecé el tercer año en la UT, ya había pasado por tres relaciones que terminaron en congoja y dolor. Con solo veinte años de edad, me di cuenta de que necesitaba ayuda. Estaba determinado a no hacer pasar a otra joven por el dolor del rechazo, y estaba igualmente determinado a evitar que esto se repitiera en mí mismo. Así que di por terminada mi búsqueda y decidí dejársela a Dios: «No quiero estar saliendo con más jóvenes. Deseo que tú elijas a la compañera de toda mi vida y la traigas a mí».

En vista de que había puesto mi futuro matrimonio en manos de Dios, decidí que ya no necesitaba tardes libres para mi vida social, así que acepté un trabajo que requería que trabajara siete noches a la semana. No me malentiendas: No me estaba castigando por mis fracasos en mis relaciones amorosas. El trabajo me aportaba no solo la buena paga sino también la buena disciplina que tanto necesitaba. Dos años de holgazanear en la universidad me enseñaron que quizás nunca terminaría mi carrera si no la tomaba en serio.

El trabajo me dio bastante tiempo libre para estudiar, ¡y nunca lo había necesitado tanto! Hasta me dieron una oficina y un título que era bastante impresionante, eso pensaba yo. Era sargento de armas nocturno de la Cámara Legislativa del Senado del estado de Texas. Mi trabajo consistía en preparar las salas para las reuniones del comité de senadores según se necesitara. La mayor parte del tiempo solamente me sentaba delante de mi escritorio, haciendo guardia, y me ponía a estudiar.

El senado de Texas no se reúne durante las vacaciones de Navidad, lo cual me dio tiempo libre para viajar a Chula Vista, México, y restaurar una misión antigua. La semana siguiente, el ministerio estudiantil universitario que supervisó el viaje tuvo su reunión semanal, y me pidieron que hiciera un reporte del viaje.

Una joven que asistía con frecuencia a nuestro ministerio universitario le pidió a una hermana de la confraternidad Pi Phi que la acompañara a esa reunión. El nombre de su amiga era Harriet Schoellkopf. Recuerdo que cuando conocí a Harriet, pensé que era excepcionalmente bonita, muy agradable, inteligente, y posiblemente una cristiana comprometida; justo el tipo de persona que nuestro ministerio universitario debía tener en el grupo de estudiantes. Y también pensé que podría tener una gran cita con ella. En otras palabras, la vi como un proyecto y un prospecto. Pero esa clase de pensamientos se quedaron sumergidos en mi subconsciente. En ese momento tenía que presentar un informe.

Dos semanas después, un compañero de trabajo en el Capitolio ofreció cubrir mi puesto por si yo quería ir a la siguiente reunión del ministerio universitario. Yo no había salido con chicas en más de seis meses, pero de la nada me surgió el pensamiento de que debía llevar a una chica al evento. Puesto que había determinado no salir con chicas hasta que Dios me señalara el camino, oré y le pedí guía. De inmediato se me vino Harriet a la mente. Conseguí el número de la casa de la Confraternidad Pi Phi y levanté el teléfono para marcar.

En ese preciso momento, escuché voces de personas que estaban entrando a mi oficina —algo que rara vez sucedía. Yo estaba en el segundo piso del capitolio en el anexo del senado. No era un lugar con el que cualquier persona se topara accidentalmente, tampoco era fácil de encontrar, aun si uno lo estuviera buscando. Rápidamente puse el auricular en su lugar y me di vuelta justo cuando Harriet y su amiga iban cruzando la puerta. Me quedé boquiabierto como un tonto, sin saber qué decir. Acababa de preguntarle a Dios a quién podría llevar a la reunión, de pensar en Harriet, de conseguir su número y acababa de comenzar a marcarlo, y en ese preciso instante, ahí estaba ella. No solamente una voz en el teléfono, sino en persona. Ahora sé que esa fue una visita enviada del cielo. No quiero decir que Harriet era un ángel, aunque irónicamente el apodo de Pi Phi es «ángeles». Pero créanme, en ese momento ella resplandecía.

Recobré la compostura y saludé a mis dos visitas. En respuesta, la amiga de Harriet explicó por qué habían ido. «Mi papá es notario en una oficina que está enfrente», dijo. «Necesitaba verlo e invité a Harriet a venir conmigo. Después recordamos que tú trabajas aquí, así que pensamos en pasar a saludarte».

¿Así que las chicas habían pasado por ahí como una ocurrencia improvisada? ¡Poco probable! Después supe que habían ideado ese plan cuidadosamente proyectado solo para que Harriet pudiera verme otra vez. Cuando vuelvo a pensar en ese día, veo el amor de Dios en acción. Él había inspirado a Harriet a pasar por mi oficina como parte de su estrategia para traerme a mi futura compañera, seguramente tal y como él trajo a Eva con Adán.

Cuando Harriet entró a mi oficina esa noche, yo no tenía idea de que esa sería una visita altamente impactante. No obstante, estaba tan sorprendido como Adán y Eva lo estaban cuando tuvieron un encuentro con Dios. Gracias a Dios que no me escondí, pero me quedé sin habla.

Así es como el cielo actúa hoy en día, porque esta es la manera que en el principio fue destinado que fuera. Si solo pudiéramos ver cómo están conectados el cielo y la tierra, podríamos ver cuántas visitas celestiales ocurren cada día. De hecho, esta conexión íntima entre el cielo y la tierra es la forma en que toda la historia comienza, no solo mi historia con Harriet, sino la gran historia de nuestras vidas. Es tan simple como las palabras de una página: «Dios, en el principio, creó los cielos y la tierra» (Génesis 1.1). Observa el orden: el cielo existió antes que la tierra. A nosotros nos creó después, hombre y mujer, y a la primera pareja le dio un jardín idílico para que fuera su hogar. Personalmente les demostró lo estrechamente conectados que están el cielo y la tierra, y lo hermosa y natural que esta conexión es: «Cuando el día comenzó a refrescar, el hombre y la mujer oyeron que Dios andaba recorriendo el jardín» (Génesis 3.8).

La primera visita de Dios después de poner todo en su lugar fue como si él simplemente saliera por su puerta de atrás y diera un paseo tranquilo por su nueva creación, admirando su magnífico jardín y esperando con ilusión una conversación gozosa con esos dos seres nuevos que él hizo para que llevaran su propia imagen. ¡Qué natural! ¡Qué normal! Se suponía que las visitas desde el cielo fueran algo muy común para la creación, como si Dios fuera nuestro vecino inmediato.

El porqué Harriet estaba tan interesada en verme aquella noche es una historia aparte. Ella era una joven religiosa y había estado saliendo con un joven que planeaba seguir los pasos de su padre en el ministerio. Incluso habían empezado a hablar de matrimonio. Pero el hecho de que ambos fueran cristianos no implicaba que espiritualmente estuvieran en la misma onda.

Conforme su relación avanzaba, las diferencias en su fe se volvieron más visibles cada vez. Estas diferencias empezaron a erosionar la relación.

Semanas antes de que yo la conociera, Harriet le manifestó a su novio que quería asistir a algunas reuniones de diversos ministerios universitarios. Él se opuso fuertemente a que ella se involucrara con lo que él consideraba organizaciones «extremas». Harriet resintió los intentos de él de controlar su vida y especialmente su fe, y categóricamente le dijo que él no iba a decirle a ella lo que tenía qué hacer. Desde entonces la comunicación se fue cuesta abajo, y acabó cuando ella terminó la relación una noche antes de que yo la conociera.

Harriet todavía estaba disgustada cuando su hermana de la confraternidad le pidió que asistiera a una reunión del ministerio universitario esa misma noche. Ella no dejó pasar la oportunidad —probablemente respondiendo a un desafío. Pero después de escucharme hablar esa noche, regresó a su cuarto y escribió en su diario: «Creo que conocí al hombre con el que quiero casarme».

Creo que es verdad que el matrimonio se concibe en el cielo, esto es cuando dos personas están buscando el plan de Dios. Por eso puedo decir que la visita de Harriet a mi oficina fue una visita celestial. En aquel momento, ninguno de los dos estaba consciente de eso, porque experimentamos la relación que a partir de la reunión creció como una pasión natural que floreció hasta convertirse en amor terrenal. Teníamos una vaga sensación de que nuestra relación era orquestada desde arriba, pero no teníamos idea del grado en que Dios había estado involucrado en ella. Por consiguiente, no teníamos manera de reconocer la profundidad de la participación intrínseca que el cielo tuvo en nuestro noviazgo.

Harriet y yo pasamos tiempo juntos todos los días, y rápidamente nuestras vidas se entrelazaron. Hablábamos de nuestros pasados y nos deleitábamos en nuestras experiencias presentes. Ella se reía de mis bromas, y yo toleraba sus bromas pesadas, las cuales persistieron a lo largo de toda nuestra vida juntos.

En una de nuestras primeras citas la llevé a un restaurante de comida rápida para comer hamburguesas. Antes de que pidiéramos nuestra comida, ella decidió que no quería hamburguesa, solo una bebida y una ración de papas fritas. Yo quería la combinación completa, así que pedimos nuestra comida y nos sentamos. Mientras esperábamos, yo fui al baño. Cuando regresé, la comida ya había llegado. Mi hamburguesa estaba envuelta, como solían estar siempre, con papel que cubría la mitad de abajo, dejando expuesta la mitad de arriba. Me comí la mitad de arriba, y cuando quité el papel para empezar a comer el resto, descubrí que le habían dado una enorme mordida en la parte de abajo.

«Seguramente fue la mesera», dijo Harriet con expresión seria.

Yo sabía que no, por supuesto, pero no pude hacer que confesara.

Harriet compartía mis sueños de involucrarme en el ministerio universitario. Incluso me dijo que durante años su película favorita había sido *Un hombre llamado Peter*, una película basada en la vida de Peter Marshal, un escocés que tuvo un encuentro impactante con Dios, y llegó a ser pastor presbiteriano y con el tiempo el capellán del Senado de Estados Unidos en Washington, D.C. En ese tiempo no lo sabíamos, pero yo era su Peter, que algún día también llegaría a ser pastor presbiteriano.

Aunque Harriet y yo no habíamos hablado de matrimonio, para ambos era claro que nuestra relación apuntaba a esa dirección. Ella les reveló a sus padres que se había involucrado seriamente conmigo, y al parecer el matrimonio era posible en nuestro futuro.

El padre de Harriet era un fabricante de ropa de cacería exitoso, y como es natural, él y la mamá de Harriet querían conocer al chico que pretendía a su hija. Su padre había proyectado un viaje de cacería de pecarí de collar, que casualmente coincidía con las vacaciones de primavera de la UT, así que le pidió a Harriet que me invitara a esa actividad.

Ella me extendió la invitación, y cuando yo estaba considerando la posibilidad de ir, recibí una llamada que me detuvo de golpe y me hundió en incertidumbre y confusión.

«Hola, Pete», dijo la dulce voz femenina en el teléfono. «¿Me recuerdas? Soy Karen. Nos conocimos el verano pasado».

¡Karen! Ella era una líder de estudiantes que yo había conocido, a quien no solo le apasionaba el ministerio sino que me atraía.

¿Para qué rayos podría estar hablando? Me tranquilicé y contesté: «Sí, claro que recuerdo. Nos la pasamos muy bien en la conferencia. ¿Se casaron tú y tu prometido?».

«No, terminamos. Él no tenía el compromiso que yo quería en un hombre. Y desde entonces he pensado mucho en ti. Dentro de pocas semanas tendremos las vacaciones de primavera, y me preguntaba si podrías venir a Wisconsin a visitarme. Podríamos pasar un tiempo juntos, y llegar a conocernos mejor».

Cuanto más hablábamos, más claro me quedaba que ella estaba seriamente interesada en buscar una relación. Balbuceando dije algo sobre volver a llamarla para darle una respuesta y terminé la conversación tan pronto como pude.

Cuando colgué el teléfono, me sudaban las manos. ¿Por qué no simplemente le dije no a Karen? Ya tenía una relación plácida y dinámica con una chica maravillosa con quien estaba pensando seriamente en casarme. Ahora tenía un verdadero dilema. Dos chicas cristianas comprometidas, extremadamente atractivas, me habían invitado a pasar las vacaciones de primavera con ellas, y yo tenía que tomar una decisión dolorosa.

Después de tres relaciones rotas, había reconocido mi incapacidad para cruzar el campo minado de citas universitarias, y toda la tarea de encontrar pareja la había puesto en manos de Dios. Me parecía claro que Harriet era su respuesta a mis oraciones, y sinceramente esperaba que siguiera siendo así. Pero que me pareciera «claro» no necesariamente significaba que esa relación venía de Dios. Después de todo, solo habíamos estado juntos seis semanas. Tal vez me había engañado a mí mismo al pensar que Harriet era la indicada. Tal vez lo que yo tenía con Harriet era solo amor pasajero que había cegado mi razón. Tal vez la llamada de Karen era la manera que Dios tenía de decirme que *ella* era la indicada. El pensamiento de terminar con Harriet hundió mi corazón en un abismo. Pero si iba a dejarme guiar por Dios, tenía que ver con claridad lo que él podría estar diciéndome.

Además, cuando hablé con mi mamá acerca de la posibilidad de casarme con Harriet, ella me hizo esta advertencia: «Harriet y tú vienen de familias muy diferentes. Harriet proviene de una familia acomodada, y nosotros somos la familia de un ministro. Así que ten en cuenta que vas a tener que enfrentar esta cuestión».

Batallé con mi dilema durante varias semanas antes de decidirme a contactar a un viejo amigo y mentor. Le planteé mi dilema, y su respuesta sencilla me sorprendió.

«Elige a Harriet», dijo. «Ella y su familia viven aquí mismo en Texas. Karen está en Wisconsin, a por lo menos dos días de camino en auto. Las relaciones a larga distancia rara vez funcionan. Quédate con una chica texana, y estarás con la gente, con las actitudes, y con una cultura que comprendes, por no mencionar un clima que disfrutas. En Wisconsin te encontrarás con una cultura diferente y un clima helado. Para ti será como irte a vivir a un país extranjero. Quédate con la chica de Texas, Pete».

Qué extraño, pensé. El consejo de mi amigo estaba fundado en cosas prácticas; nada espiritual, nada sobre compatibilidad, nada que involucrara el corazón. Pero entonces me di cuenta de que cuando dos opciones parecen tener el mismo peso en términos de trascendencia relacional y religiosa, las consideraciones prácticas podrían inclinar la balanza de manera legítima. Él quitó el humo de mis ojos con una conveniencia sencilla y racional.

Yo estaba encantado y me sentí aliviado con el consejo de mi amigo. Terminar con Harriet me habría roto el corazón. Así que decliné la invitación de Karen y me fui de cacería con el papá de Harriet.

Nuestro noviazgo fue corto. A Harriet y a mí solo nos tomó cuatro meses saber que éramos justo el uno para el otro. Sabíamos que nos acoplábamos bien. Cuando escarbamos en las vidas de ambos e hicimos las preguntas más profundas, nuestras corazonadas respecto a uno y otro llegaron a concretarse. Mi fe y mis oraciones habían edificado mi confianza hasta llegar al punto en el que estaba listo para dar un salto gigantesco. Así que lo di:

«¿Quieres casarte conmigo?».

«¡Sí!».

¡Estábamos eufóricos! Durante los siguientes días, Harriet y yo flotábamos en nubes de euforia. Volvimos a tocar tierra para reunirnos con los papás de Harriet y decirles que queríamos casarnos tan pronto como fuera posible. Concertamos una cita para dos meses después.

Me sentí aliviado porque sus padres no se opusieron a nuestra boda. Amaban a su hija entrañablemente, y no había duda de que podían ver lo feliz que era conmigo. Pero se opusieron a la fecha de nuestra boda.

«Queremos darles una boda apropiada», explicó su mamá. «Dos meses simplemente no nos dan tiempo suficiente para hacer los preparativos». Los padres de Harriet eran de clase acomodada, y yo no dudaba que tenían la visión de una boda espectacular para su única hija.

«Les aconsejamos encarecidamente que esperen un año», agregó su padre. «Esto le dará a tu mamá el tiempo que necesita para preparar la boda, y mientras tanto Harriet puede terminar sus estudios».

Siempre me pregunté si, además de estas dos consideraciones prácticas, él tenía intenciones ocultas. Nuestro noviazgo había sido un torbellino, y posiblemente él sentía que Harriet y yo necesitábamos más tiempo juntos para estar seguros de nuestra relación.

Tomando en cuenta el consejo sabio de los padres de Harriet, pospusimos nuestra boda un año. Harriet y yo sellamos nuestro compromiso el 15 de junio de 1968, en la iglesia a la que Harriet asistía desde pequeña, la iglesia St. Michaels and All Angels Episcopal Church de Dallas. Fue una ceremonia alegre y un hermoso comienzo de nuestra vida juntos.

CAPÍTULO 2

NUESTRA VIDA JUNTOS

Poder influir profundamente en otro ser humano de tal
manera que promueva una conciencia colmada de la
plenitud en Cristo es una oportunidad apasionante.

LARRY CRABB, EL EDIFICADOR MATRIMONIAL

Rápidamente aprendí que no te casas con un individuo; te casas con una familia. Somos productos de nuestra familia, y la herencia que recibimos de ellos incluye tanto lo bueno como lo malo. Los efectos de la Caída que empezó con Adán y Eva trajeron un trastorno terrible en la familia de Harriet: la depresión. Posteriormente descubrí que esta enfermedad mental había afectado a generaciones anteriores y presentes, incluyendo al padre y a la abuela de Harriet. Pero en los primeros días de nuestro matrimonio, estábamos felizmente inconscientes de la sombra inminente de la depresión, sin tener la menor idea del golpe terrible que esta asestaría sobre nosotros en el futuro.

Harriet y yo construimos juntos una vida maravillosa. Nuestra relación no era perfecta, por supuesto. Como todo matrimonio en este mundo caído, el nuestro tenía sus altibajos normales. Pero el tenor fundamental de mi vida con Harriet y de mi amor hacia ella fue bueno y fructífero. Compartimos muchos viajes de placer, fiestas, amigos, y el gozo de nuestras dos hijas y ocho nietos: todos fueron regalos de Dios. También nos solidarizamos para amar, enseñar y motivar a más personas de las que puedo contar en cinco ciudades diferentes, en dos iglesias extraordinarias, y en varios países. Cuando miro atrás a través de los álbumes de fotos que documentan nuestra vida juntos, me asombran todas las oportunidades que Dios nos dio. La jornada que compartimos fue completamente celestial.

No obstante, fue un camino marcado por profundas pérdidas que causaron dolor y desconcierto. Harriet y yo sufrimos por las muertes de nuestros abuelos, dos hermanos, varios amigos cercanos, y con el tiempo nuestros padres. Lloramos por el profundo dolor de los errores que cometimos con nuestros hijos y amigos.

Tres de estos acontecimientos dolorosos aumentaron significativamente la lucha de Harriet contra la depresión. El primero fue el caos de dos cambios de trabajo inesperados al inicio de nuestro matrimonio. Después de mi graduación, acepté un puesto en el ministerio universitario en el que estábamos involucrados. Este trabajo requirió que nos mudáramos de casa dos veces en dos años, primero de Knoxville, Tennesee a San Bernardino, California, y luego de San Bernardino a Dallas, Texas. Durante uno de nuestros cambios, Harriet recibió la influencia de mentores equivocados que veían al diablo detrás de cada arbusto. Esto desbalanceó su vida espiritual, menoscabó su seguridad y le infundió miedo e incertidumbre.

El estrés de estos dos cambios aumentó con el nacimiento de nuestras dos hijas, lo cual se añadió a la depresión acumulada de Harriet. Nuestras hijas pequeñas nos trajeron más felicidad de la que alguna vez soñamos fuera posible; sin embargo, después de la segunda bebé, Harriet desarrolló una depresión postparto.

Como es natural, la ayudé todo lo que pude. Trataba de llegar temprano a casa conforme mi trabajo me lo permitía, y con frecuencia me levantaba para la alimentación nocturna. De lo que no me daba cuenta en ese tiempo era que mi ayuda también contribuía a su depresión. Se sentía culpable por estar interrumpiendo mi trabajo, el cual consideraba muy importante. Yo no reconocí que ella tenía depresión postparto; pensaba que sus cambios bruscos de humor eran simples ajustes naturales a nuestra nueva rutina. Así que ni yo ni nadie nos dimos cuenta de todo lo que Harriet estaba batallando.

El tercer acontecimiento que contribuyó a la depresión de Harriet fue la disolución del matrimonio de sus padres. La relación de ellos había estado deteriorándose durante años, pero Harriet no se había dado cuenta porque a pesar de las dificultades que había entre ellos, ambos la amaban profundamente. Además, ella vivía en la universidad durante la peor parte de sus conflictos que iban en aumento.

No lo supimos en el momento, pero el padre de Harriet había planeado divorciarse de su madre una semana después de nuestra boda. Cuando regresamos de nuestra luna de miel, descubrimos que él había solicitado el divorcio y se había ido. Al poco tiempo regresó, solo para irse otra vez. El rompimiento del matrimonio de sus padres, tomó a Harriet por sorpresa, y ella estaba devastada.

✎

Harriet luchó contra estos problemas durante varios años, pero tantos cambios y traumas, uno tras otro, finalmente inclinaron la balanza de su equilibrio emocional. La verdad es que estaba lidiando con lo suficiente para lanzar la vida de cualquiera fuera de balance. Las dos mudanzas importantes y en sucesión rápida, los cambios de mi trabajo, batallar con dos hijas que tenían menos de tres años de edad, y el divorcio de sus padres agravaron el padecimiento y hundieron a Harriet en una depresión profunda que la dejó en una desolación desesperada.

Un día llegué a casa después del trabajo y encontré a Harriet en nuestra alcoba acurrucada junto al buró, llorando.

«¿Qué rayos pasa?», pregunté.

«Es inútil. No puedo seguir así», dijo sollozando.

Abrió una de sus manos; estaba llena de pastillas. Se llevó la mano a la boca y alcanzó el vaso de agua que estaba en el buró.

«¡No!», grité. Levanté el frasco, el cual había estado lleno, y me di cuenta de que ya había tomado una dosis considerable. Estaba empezando a perder el conocimiento. Lleno de pánico, de alguna manera logré conseguir que un vecino se quedara con las niñas, logré ayudar a Harriet a subirse al auto, y apurarme a llevarla a la sala de emergencias. No perdieron tiempo y le hicieron un lavado de estómago, que le salvó la vida.

Esta experiencia en la que ella casi muere fue una llamada de atención para todos nosotros. Aunque estaban divorciados, los padres de Harriet se unieron para apoyarla. Yo estaba decidido a conseguir para Harriet la mejor ayuda profesional disponible para evitar una recurrencia de este tipo de trauma. Pero en ese tiempo éramos extremadamente pobres y no podíamos pagar lo que ella necesitaba. Yo no sabía cómo iba a lograrlo.

Cuando estaba buscando respuestas, su padre se acercó a mí, y dijo: «No podemos permitir que esto vuelva a suceder. Tenemos que sacar a mi pequeña de esto. Debemos hacer lo que sea necesario: consejería, médicos, hospitales, medicamentos, no importa. Yo lo pagaré todo. Solo envíame las facturas».

La madre de Harriet también intervino. De inmediato había reconocido la gravedad de la depresión de Harriet y, sospecho, que también se dio cuenta de que Harriet había heredado la tendencia que la familia tenía hacia esta. Por eso ella me había presionado para que volviéramos a vivir en Dallas después de que nuestra segunda hija nació, cuando advirtió el problema que Harriet tuvo después del parto.

Gracias al amor y generosidad de sus padres, Harriet recibió orientación especializada y ayuda médica que detuvo la espiral descendiente. Con el tiempo, sus médicos ajustaron sus medicamentos psiquiátricos hasta el grado en que solo se requería una dosis pequeña para nivelar el ciclo de depresión, permitiéndole tener una vida normal y fructífera. Por la misericordia de Dios, este tratamiento sostuvo a Harriet durante los siguientes treinta y ocho años con solo una mínima cantidad de conflictos.

Posteriormente aprendí que las luchas de Harriet contra su depresión heredada también estaban dentro del ámbito de los planes de Dios. No puedo decir que comprendo todo respecto a cómo encajan, pero con renuencia, tengo que estar de acuerdo con las palabras de ese famoso ejemplo del paciente sufrimiento de Job:

«Si de Dios sabemos recibir lo bueno, ¿no sabremos recibir también lo malo?» (Job 2.10).

Al ver la necesidad de mayor seguridad para la vida de Harriet, me inscribí en el Seminario Teológico de Dallas. Nunca había tenido la intención de dejar el ministerio universitario para convertirme en pastor, pero pude comprender que el viaje, las mudanzas y el salario bajo asociado al ministerio universitario no conducirían a su bienestar. Los estudios en un seminario me darían mayor seguridad profesional y, con el tiempo, más estabilidad financiera como pastor.

Por la gracia de Dios, dos de nuestros viejos amigos también decidieron tomar el mismo seminario en ese tiempo. Ambos estaban casados y tenían hijos de la misma edad que nuestras hijas. Nuestras familias se volvieron muy unidas y desarrollamos una amistad que perdura hasta hoy. Esto fue un regalo del cielo para Harriet, tan bueno en muchas maneras como cualquier medicina. Ella no estaba sola. Tenía compañía y apoyo recíprocos en los cuales apoyarse y dar brillo a su vida. Mi tiempo en el DTS nos dio un período de cuatro años de estabilidad y calma, así como un sendero más despejado hacia el futuro.

La graduación del seminario nos lanzó hacia los años maravillosos de un ministerio nuevo, la crianza de nuestras pequeñas, y el crecimiento que compartimos. Aprendimos a confiar profundamente uno en el otro. Nos motivamos entre nosotros, nos ayudamos, y hasta aprendimos a discutir entre nosotros.

Los líderes de nuestra iglesia nos pidieron que les diéramos clases sobre el matrimonio. Estaban limitadas a doce parejas con el fin de motivar la interacción. ¡Y vaya que tuvimos interacción! Irónicamente, Harriet y yo tuvimos un pleito al comienzo de una de las primeras clases. ¡Vaya vergüenza! Cuando íbamos a la iglesia para dar la clase, nos enfrascamos en una discusión que la dejó furiosa. Todavía enojada cuando llegamos, se dejó caer en una silla de la última fila, con los brazos cruzados, echándome con los ojos chispas que atravesaban el salón. Sin mi colega, empecé a dirigir la clase solo.

«Esta noche estaremos hablando sobre los problemas en el matrimonio», comencé. «Nunca sientas que tu matrimonio está en apuros solo porque se tropiezan con diferencias entre ustedes. Todos nosotros tenemos problemas. Harriet y yo tenemos nuestros problemas ocasionales».

De inmediato la voz enardecida de Harriet prendió fuego desde atrás: «Seguro que sí los tenemos».

La clase se rió y estalló en aplausos. Alguien dijo por encima de los aplausos: «Gracias a Dios al fin encontramos una clase donde alguien va a ser honesto».

Otra voz intervino: «Mi esposa y yo también tuvimos una discusión en el camino a la clase de esta noche».

¡Qué noche tuvimos! Nos mostró que Dios puede usar incluso nuestras naturalezas caídas para fomentar su gloria. Nuestra pequeña riña le dio al grupo una visión de realidad que cambió por completo la naturaleza de la clase. Generalmente, las esposas quieren asistir a las clases de matrimonios, pero tienen que arrastrar a los maridos. Pero a partir de esa noche, hubo una asistencia excepcionalmente buena a nuestra clase, no solo asistían las esposas sino también los maridos. Aprendieron que todas las parejas casadas batallan de la misma manera. Todo matrimonio necesita consejería experta, sin importar cuánto tiempo lleven casados. Sí, nuestro matrimonio fue confeccionado en el cielo, pero en la tierra tenía que ser conservado por humanos imperfectos y caídos.

La depresión de Harriet prácticamente dio lugar a ciertas bendiciones para ella misma y para otros. Fortaleció su resolución para comprender lo que estaba sucediendo en su interior y para ayudar a otros que estaban lidiando con el mismo problema.

Una amiga cercana de Harriet me platicó que un día ella estaba planchando cuando Harriet la llamó. Habían platicado muchas veces sobre las luchas personales de ella. Harriet sabía que su amiga necesitaba asesoría profesional, pero también sabía que su amiga definitivamente no estaba tomando ninguna iniciativa para enfrentar sus dificultades. En ese día particular, Harriet llamó a su amiga y le dijo: «Si tú no haces una cita con un consejero hoy, entonces yo voy a hacerla por ti».

Harriet leía cuanto libro de auto-ayuda caía en sus manos, y trataba de hacer todo lo que los autores recomendaban. Esta tarea imposible la condujo a un período de frustración constante para ella, y para nuestra familia también. Siguió con exceso las recomendaciones dietéticas de esos libros, lo cual significaba que yo comía más alimentos saludables de los que deseaba; un deseo que se mantenía al nivel más bajo para empezar. Por eso probablemente viviré hasta los 110 años (aunque espero que eso no suceda). Todo lo que comíamos era algo con trigo entero: panqueques, pan, donas y cereal de trigo entero (sin azúcar, por supuesto). A nuestras pobres hijas, Ginny y Ann, las obligaba a seguir el mismo régimen. Por haber sido criadas con esta dieta, no sabían de la existencia de algo parecido a una comida sabrosa.

Un día acompañaron a su madre a la casa de una amiga donde la anfitriona les pasó un platón con galletas Oreo. Dudando, las niñas miraron a su madre para su aprobación, y en un momento de debilidad, Harriet les permitió la indulgencia. Con cortesía, alcanzaron una galleta y le dieron su primer mordida. ¡Sus ojos se encendieron como chispas! Con una gloriosa expresión de asombro en su rostro, Ginny, quien tenía 8 años de edad, miró a su mamá y exclamó: «¡Nunca en mi vida había probado algo tan bueno!».

Finalmente Harriet relajó su obsesión por la comida saludable y renunció a ella. Pero esto no sucedió sino hasta que Dios había usado este tipo de experiencias para conducirla a una asombrosa confianza en él. Y a lo largo de la última década de su vida, él fue su ayuda constante.

A pesar de algunos recrudecimientos de la depresión de Harriet, nuestra familia compartió muchos tiempos de diversión. Como ya lo mencioné, a Harriet le encantaba hacer bromas pesadas. Cuando nuestras hijas estaban en la primaria, Harriet y Ann, nuestra hija de ocho años, estaban planeando visitar a una amiga que tenía una fuerte aversión por cualquier tipo de animales o mascotas.

Antes de salir, Harriet le dio a Ann una bolsa de plástico sellada que contenía dos pececitos dorados.

«Pon esto en tu bolsa», dijo, «y cuando lleguemos a la casa de Linda, vas al baño y echas estos peces al inodoro».

Ann hizo lo que se le dijo. Más tarde, durante la visita, Linda fue al baño. Salió sin ninguna duda en cuanto a la identidad del culpable de la infracción, y en consecuencia confrontó a Harriet.

«¿Qué hiciste con los peces dorados?», preguntó Harriet.

Con las manos en sus caderas, Linda dijo: «Jalé la palanca para que se fueran con el agua, por supuesto. ¿Qué esperabas?».

Todavía no sé si la culpa de Harriet por el triste destino de esas dos criaturas inocentes sobrepasó el placer que le causó la culminación de una broma pesada. En cierto modo, lo dudo.

La depresión de Harriet no oscureció nuestro matrimonio, pero los pocos recrudecimientos que tuvo sí causaron un cierto desequilibrio en nuestra relación. Sus episodios provocaron que yo asumiera el papel de protector, lo cual fue bueno y malo. La parte buena fue que fortaleció mi hombría. La parte mala fue que debilitó mi apreciación de su femineidad. Para Harriet estaba bien que yo fuera su caballero en armadura reluciente, pero no quería que la vieran como una doncella en angustia continua. Esto la hacía pensar que la veía como una persona débil.

Los últimos diez años con nuestro nido vacío fueron maravillosos. Descubrimos una intimidad nueva, amigos nuevos, y viajes nuevos. Nos complementamos mutuamente más que nunca. Descubrimos un nuevo don de libertad y creatividad en nuestro matrimonio. Nos permitimos florecer de maneras nuevas.

Harriet descubrió un escape y un talento creativo con las flores. Con ellas hizo un negocio floreciente (perdón por el juego de palabras), y ganó muchos premios por sus creaciones. Sin embargo, pronto aprendió que lo que le daba satisfacción con los arreglos de flores no era por el lado de los negocios, sino por ejercer el talento que Dios le dio para crear belleza.

Ella fue miembro del club Founders Garden Club (FGC), que está asociado con el prestigioso Garden Club of America. Por su participación en la FGC, calificó para participar en las competencias nacionales de arreglos florales. No hay duda de que su mejor logro en esta área fue ganar dos veces el primer lugar en la categoría nacional de los Arreglos más Creativos, un logro casi nunca alcanzado por algún miembro de Dallas. Le presentaron una placa que tenía esta inscripción:

«Garden Club of America otorga el premio Harriet DeWaele Puckett a Harriet Deison en reconocimiento a su habilidad en la respuesta única, elegante y creativa a un programa desafiante de arreglos florales». Además, su arreglo también ganó el premio Best in Show [El mejor de la exposición].

Pero el año 2000 trajo un nuevo reto. Harriet contrajo colitis ulcerosa, una enfermedad debilitante y dolorosa que puede ser fatal. Los médicos le dijeron que la única cura era una cirugía en la que le quitarían el colon completo y usaría una bolsa de colostomía por el resto de su vida. Esta no era una decisión sin importancia, y ni Harriet ni yo queríamos tomarla.

«¿Hasta qué punto debo someterme a esta operación?», ella le preguntó al médico.

«No te lo puedo decir», él respondió. «Pero te aseguro que llegará el momento en que querrás que te saque el órgano que te está causando problemas».

Su enfermedad se volvió cada vez más intolerante. El dolor y la diarrea continua la llevaron al punto en el que se volvió casi imposible que saliera de la casa a hacer cosas comunes tales como comprar víveres o visitar amigas. Finalmente, sintió que ya no había alternativa.

«Ya es hora», dijo.

Le quitaron el colon. El lado positivo fue que ella quedó libre de dolor y de problemas intestinales. El lado negativo fue que tuvo que usar una bolsa de colostomía, una bolsa pequeña justo debajo del lado derecho del estómago. La falta de colon la llevó a hacer muchos ajustes en su dieta, sin embargo, ni las limitaciones en la comida ni la bolsa la frenaron o le dispararon más depresión. Verdaderamente puedo decir con agradecimiento que ella estaba más hermosa durante la última década de su vida que cuando la vi por primera vez.

Desde hace mucho tiempo he estado convencido de que Dios tuvo un propósito al permitir que Harriet padeciera estos problemas médicos graves. Batallar con estos problemas de salud hizo que ajustara su capacidad natural de empatía, y le dio oportunidades para un ministerio de motivación para otras personas que luchaban con retos personales, especialmente contra la depresión.

Aun de niña, motivar a otros era tan natural para Harriet como respirar. Un día, cuando su hermano Hugo estaba enfermo y tuvo que quedarse en casa sin ir a la escuela, Harriet decidió bailar con una falda hawaiana para hacerlo reír. Cuando estaba dando una vuelta, su falda hawaiana rozó un calentador de pared, y empezó a arder.

Los siguientes diez años los pasó recibiendo injertos de piel, y tuvo cicatrices en la espalda hasta el día de su muerte. Pero esa experiencia le dio a Harriet la habilidad penetrante de percibir dolor en otras personas. Cualquiera puede dar testimonio de que ella fue la persona más empática, compasiva, bondadosa que han conocido en su vida. Dondequiera que viviéramos, Dios la usaba para ministrar con delicadeza a aquellos que ella descubría que estaban sufriendo. Motivar a otros la deleitaba, y personas de todas las edades la buscaban continuamente.

Una amiga explicó que Harriet había salvado su vida. «Yo también padecía depresión», dijo, «y se había vuelto tan severa que estaba deslizándome hacia un hoyo profundo. Pero ella comprendió por lo que estaba pasando, y por su amor y motivación, busqué ayuda profesional y salí adelante».

Su marido dijo: «Harriet también salvó nuestro matrimonio. La depresión de mi esposa estaba creando entre nosotros una barrera que no sabía superar».

Esto solo es un ejemplo de las muchas vidas en las que Harriet influyó. Con frecuencia usó sus luchas personales intensas para motivar a otros. A ella no la avergonzaba su depresión, y estaba dispuesta a hablar de ella con la mayoría de la gente. No exhibía su dolencia; más bien aprendió a usarla. A menudo decía que su lucha la empujaba a acercarse a Dios. Y cientos de personas pueden dar testimonio de que Dios la usó poderosamente para bendecir a otras personas que tenían luchas.

CAPÍTULO 3

UN INSTANTE
DEVASTADOR

*Hay que decirles que no hay pozo lo suficientemente
profundo, que él todo lo puede.*

CORRIE TEN BOOM, EL REFUGIO SECRETO

La lucha de Harriet contra la depresión se intensificó a finales
del otoño de 2012. Ella expresó su preocupación porque los
medicamentos que estaba tomando para controlar la depresión
clínica con la que había batallado la mayor parte de su vida adulta no estaban funcionando apropiadamente. Su médico le recetó
medicamentos nuevos creados para ser más efectivos, y le quitó los
anteriores. Explicó que se necesitaría un mes o más para que los
fármacos lograran su efecto completo.

Durante el corto tiempo de las semanas difíciles entre un medi-
camento y otro, Harriet experimentó varios ataques de pánico que
le ocasionaron una compulsión irresistible de correr y esconderse.
Estos ataques fueron tan severos que hasta me dormía a un lado

de la puerta de nuestra alcoba para detenerla y ayudarla a calmarse cuando trataba de correr. Recuerdo una noche particular, nos sentamos en la cama y yo oré durante lo que parecieron horas. Ella dijo: «Eres mi roca». Yo le tomé la mano hasta que finalmente se volvió a dormir. Los médicos seguían diciendo que esa oscuridad pronto se disiparía, y ella lo aceptó. Ambos creíamos que la vida pronto regresaría a su normalidad.

Los medicamentos nuevos hicieron que Harriet estuviera soñolienta, lo cual se tradujo en que conducir un auto y realizar otras actividades diarias fuera peligroso o imposible. El médico pensó que un cambio del horario de la dosis resolvería el problema. Yo estuve observando todo el proceso muy de cerca y supervisando el estado de Harriet, sus actividades y su régimen de medicinas.

El sábado 29 de diciembre de 2012, cuatro días después de Navidad, Harriet se despertó más temprano de lo normal y dijo que se sentía mejor. Le encantaba nadar y por lo general iba al club YMCA a nadar con sus amigas todos los días. Yo no le había estado permitiendo conducir debido a su somnolencia, pero esa mañana se sentía tan bien que quiso conducir sola. Vi su petición como una señal de esperanza de que las nuevas medicinas ya estuvieran haciendo efecto, pero no estaba dispuesto a entregarle las llaves hasta estar seguro. Así que fui con ella al club e hice ejercicio con escaladora y pesas mientras ella nadaba con sus amigas. Varias de ellas me dijeron más tarde que la conversación de Harriet con ellas había sido normal y animada. Ellas también vieron señales de que estaba emergiendo de su oscuridad.

Cuando regresamos a casa, Harriet me dijo que si ese día seguía sintiéndose bien más tarde, quería ir a la boda de una amiga cercana. Mayor evidencia de que había salido del conflicto fue que también llamó a dos amigas para que vinieran a visitarla temprano en la tarde.

Otro acontecimiento que consideré como buenas noticias fue que ella preguntó si podía conducir a un centro comercial a que le arreglaran el cabello para la boda. Todas las señales apuntaban al hecho de que ya estaba lista para manejar el auto, así que dejé que se lo llevara. Regresó una hora después, animada y segura como siempre parecía estarlo cuando le arreglaban el cabello. Yo estaba eufórico. Me sentí seguro de que ella estaba volviendo a la normalidad. Los nuevos medicamentos finalmente estaban haciendo efecto.

Pero mi euforia fue prematura. Nos sentamos a almorzar, y ella se quedó dormida en la mesa. Cuando la desperté, se quejó de sentirse fatal. La llevé a la recámara, la acosté, y le di la media pastilla que el médico le había prescrito para ayudarla a descansar.

«¿Cómo te sientes ahora?», le pregunté.

«Muy, muy sombría», dijo. Su voz sonaba lejana.

«Por ahora solo descansa. Si no te sientes mejor pronto, voy a llamar al médico».

«¿Podrías poner unos himnos en el reproductor de CD?», preguntó.

Hice lo que me pidió, y ella se puso sus audífonos para escuchar y descansar.

«Despiértame cuando lleguen mis amigas», balbuceó mientras su somnolencia se profundizaba.

Observé mientras empezaba a relajarse. «No te preocupes, corazón», dije. «Vamos a superar esto».

«¿Lo prometes?».

«Lo prometo». Y verdaderamente creía lo que decía. Estábamos casi en el término de las seis semanas en las que los médicos esperaban que las medicinas nuevas hicieran efecto. Esas fueron las últimas palabras entre nosotros.

Fui a mi oficina para preparar mi sermón del día siguiente. Cuarenta y cinco minutos después fui a ver cómo estaba Harriet. No estaba en su cama. ¿A dónde podría haber ido? Busqué por toda la casa, pero no la encontré en ningún lugar. Yo había dejado las llaves de su coche en el mueble de la cocina; ya no estaban. Mi corazón empezó a acelerarse. Fui rápido a la cochera. Su auto no estaba. Yo entré en pánico. Mi oficina estaba a solo nueve metros del lugar donde estaban las llaves; ¿cómo no la escuché salir del cuarto y salir de la casa? ¿A dónde podría haber ido?

Mi primer impulso fue saltar a mi auto e ir tras ella. No tenía ni idea hacia qué dirección podría haberse ido, pero eso no me detuvo. Tenía que encontrarla antes de que su somnolencia provocara un choque.

Mi búsqueda fue frenética. Fui a todos los lugares a los que pensaba que ella podría haber ido, incluyendo la farmacia, la tienda de abarrotes y el salón de belleza. Estaba a punto de llamar a la policía cuando mi celular sonó. Era la policía que me estaba llamando a mí. Habían encontrado el auto de Harriet en la calle Garland. El corazón se me subió hasta la garganta; estaba seguro de que ella había tenido un accidente. Estaba ansioso de ir adonde ella estaba, pero el policía no quiso decirme dónde estaba el auto o qué había pasado. Ya angustiado, le imploré que me dijera algo.

«Un momento», contestó. «Permítame ver a mi supervisor».

Esperé y esperé apretando mi teléfono fuerte contra mi oído. Pasaron minutos, pero el supervisor nunca apareció. Podía escuchar el tráfico en segundo plano. ¿Qué podría haber pasado? ¿Por qué estaba ahí el auto? ¿Por qué el oficial no quería decirme nada?

Finalmente regresó al teléfono y dijo: «Voy a tener que llamarle después».

Estaba fuera de mí. No podía quedarme ahí sentado nomás a esperar. Decidí conducir por toda la calle Garland y yo mismo encontrar el auto. Conduje lo que parecieron horas (aunque no era como para tanto tiempo) hacia un lado y hacia el otro de la calle que tenía una longitud de aproximadamente 32 kilómetros, y mi angustia me empujaba a ir a una velocidad mayor al límite. Pero nunca vi el auto de Harriet o a la policía. Cuanto más esperaba la llamada, más sabía que las noticias debían ser malas. ¿Era un accidente automovilístico? Llamé al 911 repetidas veces, pero no tenían información. El miedo invadió mi mente. Estuve combatiéndolo y llorando todo este tiempo.

Finalmente, la llamada llegó: «Sr. Deison, por favor conduzca hasta su casa, y un oficial de la policía se reunirá con usted ahí».

En ese momento, supe que las noticias serían las peores. No sé cómo llegué a casa o cómo vi el camino a través de mis lágrimas. Sin embargo, llegué, aun sin tener idea de lo que había pasado. Dos detectives llegaron al poco rato, y después de que me instalaron en una silla, me dieron la noticia que yo temía escuchar:

«Sr. Deison, su esposa está muerta».

Las terribles palabras me golpearon con tal impacto que me quedé paralizado en estado de shock. No podía ordenar mis pensamientos. Preguntas tan agudas como pedazos de vidrio roto hacían estragos en mi mente. ¿Cómo podía estar muerta? *¿Qué podría haberle sucedido? ¿Cómo voy a superar esto?*

Los dos policías explicaron cuidadosamente los resultados de su investigación. Harriet había conducido hasta una tienda de armas, había comprado un revólver, había regresado al auto que estaba en el estacionamiento, y había jalado el gatillo. Mi hermosa Harriet, llena de compasión por los que sufren, esposa de pastor, madre de dos hijas encantadoras, abuela de ocho nietos divertidos, y ganadora de premios por sus diseños florales, se había ido de este mundo en un instante devastador.

Desde ese momento hasta el funeral de Harriet, me sentí como zombi. Casi mil quinientas personas asistieron al funeral. Las flores fueron magníficamente diseñadas por su florista favorita, quien insistió en regalarlas por amor a Harriet. El servicio funerario fue una hermosa imagen borrosa. Yo estaba ahí, sin embargo no estaba. Podría haber estado en shock, pero estuve lejos de estar insensibilizado. Sentí dolor como nunca antes lo había sentido.

Lloraba casi todo el tiempo, y descubrí que mis lágrimas eran de dos tipos. Muchas eran lágrimas obvias por la pérdida, pero también lloraba por cada acto tierno de amistad y compasión hacia mí. Al principio me preocupaba no poder controlar mis emociones, especialmente cuando eran lágrimas de gratitud. Después me di cuenta de que llorar es parte del sufrimiento. Mis lágrimas han disminuido desde entonces, pero no han cesado. Una parte de mi corazón fue desgarrado el día que Harriet murió, y esa herida nunca cerrará por completo de este lado del cielo. Las lágrimas se presentan porque el tejido de la cicatriz es más sensible al toque. He aprendido a vivir con esta sensibilidad y a aceptar mis lágrimas y el hecho de que las personas las acepten.

Durante semanas, la pregunta que casi todos me hacían era: «¿Cómo te va, Pete?». Era una pregunta difícil de responder. Un momento estaba bien, y el siguiente estaba en agonía. Con el fin de responder honestamente, empecé a dar esta respuesta: «Tengo dos respuestas a tu pregunta: La primera es, estoy un poco mejor. La segunda es, no sé cómo me va. Nunca antes he estado aquí».

Descubrí que todos sufrimos de manera distinta, así que no hay estándares o límites que te digan en dónde te encuentras en el proceso de recuperación. Simplemente te sigues moviendo hacia delante con las tareas que tienes frente a ti.

Nadie vio venir el suicidio de Harriet. Dos noches antes de su muerte, ella le escribió un correo electrónico a una amiga en el que admitía que estaba luchando con dudas, pero creía firmemente que estaba dándole la vuelta a la página. Incluso tuvo una conversación fortalecedora con su mentor espiritual una noche antes de tomar su vida. Para todos los que conocían a Harriet, la amaban y la necesitaban, el suicidio de Harriet tuvo poco sentido.

Considero que la causa clínica directa fue clara. Su muerte se precipitó por una combinación de medicamentos nuevos que no proporcionaron la «cobertura base» (como los médicos lo describieron), lo cual significó que las medicinas viejas perdieron su efectividad antes de que las nuevas se hubieran fortalecido en su sistema. Ese desequilibrio dio por resultado altas y bajas de ansiedad y depresión en sus últimos días. Los médicos hicieron su mejor esfuerzo. Todos pensábamos que ella lo lograría.

Pero buscaba respuestas más profundas que las explicaciones clínicas que me ofrecieron. No podía dormir. Seguía repasando los últimos días de su vida: cómo sucedió la tragedia, por qué sucedió, y qué pudo haber sido diferente.

Harriet pudo haber encontrado una ruta de escape ese fatídico día; había varios recursos posibles a los que pudo haber acudido. Yo estaba cerca. Unas queridas amigas que la sustentaban y la acogían con amor incondicional habían planeado pasar la tarde con nosotros. Pudo haber esperado su apoyo antes de sumirse en la desesperación fatal. Además, tuvo tiempo para reconsiderar el hecho irrevocable durante los veinte minutos que condujo su auto hacia la tienda de armas y durante la discusión que tuvo con el empleado de la tienda. ¿Por qué Harriet no recurrió a estas cuerdas salvavidas? Esta es una pregunta que me he hecho una y otra vez.

Tengo la certeza de que aquel día ella no tenía suficiente control mental. Su mente estaba saturada de la oscuridad de su depresión, lo cual sofocó su capacidad de razonar. Y con toda certeza Satanás, el oscuro enemigo de nuestra alma, estuvo aprovechándose por completo de la debilidad de Harriet.

Me quedé con interrogantes rotundos: ¿Cómo comprender la muerte de Harriet? ¿Quiénes y qué son los responsables? ¿Dónde está Dios en todo esto?

Impulsado por el deseo insaciable de comprender la muerte de Harriet, leí mucho las Escrituras, escudriñé libros sobre el cielo, ángeles, experiencias cercanas a la muerte, y sobre el dolor. Soporté interminables días y noches de introspección y de hacer frente al dolor.

Una de mis preguntas más urgentes se centró en el hecho de que Harriet tomó su propia vida. Para muchos cristianos hay un estigma unido al suicidio. Quitarse uno mismo la vida se considera uno de los pecados más graves; imperdonable en la mente de muchos. No podía dejar la pregunta sin responder. Hurgué la Biblia buscando respuestas.

Mi estudio de la Biblia dejó claro que el suicidio no es una opción para que alguien, especialmente un cristiano, recurra a él como una escapatoria a su problema.

Dentro de los diez mandamientos que Dios le dio a Moisés está «No matarás» (Éxodo 20.13). Este principio se aplica al suicidio porque el suicidio es un auto-asesinato. Un asesinato destruye lo que Dios creó. Su razón para este mandato iba más allá de simplemente proporcionar estabilidad a una sociedad civil. Esto es algo mucho más sagrado. Dios le recordó a Noé que la vida de una persona refleja la imagen de Dios (Génesis 9.6), lo cual significa que quitarle la vida a una persona destruye la creación de Dios más enaltecida.

El suicidio también es un acto extremo con el que deshonramos a Dios con nuestro cuerpo. Tomando en cuenta que la Biblia nos dice que nuestros cuerpos son templos del Espíritu Santo (1 Corintios 6.19), cuando destruimos el templo, estamos deshonrando al Espíritu Santo.

Además, el suicidio transgrede la aseveración bíblica de que hay una ruta de escape para cada tentación. Pablo escribió que Dios «no permitirá que ustedes sean tentados más allá de lo que puedan aguantar. Más bien, cuando llegue la tentación, él les dará también una salida» (1 Corintios 10.13).

El suicidio afecta negativamente los planes que Dios tuvo al crear a un creyente para buenas obras. «Porque somos hechura de Dios, creados en Cristo Jesús para buenas obras, las cuales Dios dispuso de antemano a fin de que las pongamos en práctica» (Efesios 2.10). Cuando las dificultades tientan a una persona u ocasionan que considere el suicidio, esta persona se centra en sí misma, con una perspectiva que solo va a su interior. Se pierde la perspectiva externa de buscar hacer el bien para la gloria de Dios.

Por último, el suicidio despoja al creyente de futuras recompensas en el cielo por acortar los días que Dios proyectó que viviéramos sobre la tierra. Mientras que nuestras obras no nos ganan un lugar en el cielo, las Escrituras dejan claro que definitivamente aumentan nuestras recompensas, como Jesús lo señaló en la parábola de los talentos (Mateo 25). Los evangelios mencionan las recompensas más de setenta veces, y Pablo afirmó el concepto de recompensas celestiales por obras terrenales: «Si lo

que alguien ha construido permanece, recibirá su recompensa»
(1 Corintios 3.14).

Los versículos confirman que Dios ve cada lucha como algo
valioso cuando se enfrenta con fe. El acto del suicidio disminuye las oportunidades que un creyente tiene de hacer cosas buenas
para la gloria de Dios.

La Biblia no nos deja ninguna duda de que quitarnos la vida
es pecado. Dios ha dispuesto el número de nuestros días (Salmos
139.16). Tiene un plan y una razón para cada día de nuestras vidas.

Mi estudio sobre el suicidio me proporcionó mucha claridad pero
poco consuelo. Las grandes preguntas persistían. ¿Quién o qué fue
el responsable *primordial de la muerte de Harriet?* Y una vez más,
¿dónde estaba Dios en todo esto? Mi lucha por comprender con-
tinuaba. *La Biblia promete que Dios nos dará una salida, así que
¿dónde estaba la salida de Harriet? ¿Por qué no la usó?*

En ese punto, el Dios de luz y paz trajo a mi vida a dos personas cuyas palabras me revelaron mucho y me colocaron en una
trayectoria de descubrimientos. Una noche, ya muy tarde, estaba
trabajando en la iglesia cuando un joven tocó la ventana de mi
oficina. Reconocí que era miembro de nuestra iglesia, así que lo
dejé pasar. Se presentó y dijo que había sentido un fuerte impulso,
el cual creía que venía de Dios, de hablar conmigo respecto a su
propia lucha contra la depresión. Lo invité a sentarse y a compartir
su historia.

«He batallado con una depresión profunda durante toda mi vida adulta», dijo. «Incluso en dos ocasiones he estado bajo vigilancia para evitar que me suicide. Las personas que no han experimentado esto posiblemente no imaginan la oscuridad de ese horrible lugar en el que la depresión nos pone. Es como estar en el infierno. Cuando una persona cae en él, escapar del dolor se convierte en su pasión. Salir de ahí es lo único que la persona en depresión quiere. Pensamientos de escapatoria dominan su mente, y sin ayuda, una persona se sentirá tan desesperada que tomará cualquier salida que se presente, incluso la muerte». Hizo una pausa para dejar que yo pudiera asimilarlo y luego añadió: «Entiendo por completo por qué lo hizo Harriet».

La segunda interacción vino por medio del consejero profesional Ron Rolheiser. Su análisis posiblemente no se aplica a todos los casos de suicidio, pero es verdad lo de las muertes por suicidio vinculadas a la depresión, incluyendo la de Harriet.

Una persona que muere por suicidio, muere como lo hace la víctima de una enfermedad física o de un accidente, contra su voluntad. Las personas mueren de infartos, apoplejías, cáncer, SIDA y accidentes. La muerte por suicidio es lo mismo, excepto que estamos lidiando con un ataque al corazón emocional, una apoplejía emocional, SIDA emocional, cáncer emocional y fatalidad emocional. [1]

La sabiduría que estas dos personas comunicaron fue útil y de consuelo porque me ayudó a comprender mejor a la víctima de la depresión clínica. Estas percepciones me señalaron la dirección correcta, pero la paz todavía estaba a cierta distancia. Le supliqué a Dios que me concediera mayor entendimiento, y en su momento, y por medio de mi indagación continua en las Escrituras, él lo hizo. Pude llegar a sentir paz respecto a la muerte de Harriet por medio de varios versículos que el Señor descubrió para mí.

El primero, Éxodo 4.10-11, acontece justo después que Dios le ordenó a Moisés que fuera a Egipto, confrontara a Faraón, y sacara a Israel de la esclavitud. Moisés le dijo a Dios que él no era un buen orador y por consiguiente no podía hacer lo que Dios le estaba pidiendo. En esencia, Dios le respondió: «¿Quién dio la boca al hombre? ¿O quién hizo al mudo y al sordo, al que ve y al ciego? ¿No soy yo Jehová?». Por medio de estas palabras, me di cuenta de que Dios se hace responsable de lo que nos da. Dios podría haber dicho a continuación: «¿Quién hizo al que tiene depresión?». ¿Por qué algunas personas tienen depresión clínica y otras no? Es porque Dios crea a las personas tanto con capacidades como con discapacidades que sirven a sus propósitos.

El segundo versículo bíblico que Dios descubrió para mí fue Job 42.11. Después que Dios confrontó a Job por su falta de entendimiento, la familia de Job le llevó regalos para consolarlo «por todas las calamidades que el Señor le había enviado». Dios había permitido las adversidades que Job soportó. Dios es soberano y nunca pierde el control.

Al poner juntos estos dos versículos bíblicos, mis preguntas respecto a quién fue responsable por la muerte de Harriet fueron respondidas. *Dios asume la responsabilidad.* Él hizo a Harriet con su incapacidad particular, y para sus propósitos omniscientes; él le permitió a Satanás aprovecharse del estado débil de Harriet.

Cuando puse en contexto lo que había aprendido, sentí como si Dios estuviera diciendo: *Pete, yo estuve con Harriet todo el tiempo. Pude haber evitado su muerte, sin embargo tuve mis razones para permitirla. Confía en mí en lo que no comprendes ahora. Harriet está conmigo cumpliendo los propósitos nuevos que yo tengo para ella.*

Esto puede ser cierto en muertes por cáncer, en accidentes o incluso en edad avanzada. Dios nunca nos abandona. No siempre explica sus medios, pero sí explica su cuidado.

Después de haber llegado al punto de comprender y aceptar bíblicamente la muerte de mi esposa, me liberé de la trampa mental de culpar, agonizar sobre el futuro de ella, o correr en círculos perpetuos buscando respuestas a los porqués.

Dentro del misterio y la belleza de la gracia de Dios, el suicidio no es un pecado imperdonable. ¿Cómo podría Dios decretar una deficiencia en una persona y después condenarla por tenerla? Las Escrituras dejan claro que el único pecado imperdonable es rechazar al Espíritu Santo cuando rehúsas a aceptar el sacrificio de Cristo por tus pecados (Mateo 12.31). El suicidio, como todos los demás pecados, recibe el perdón de Dios.

Llegar a esta conclusión me tomó aproximadamente tres meses de oración y de buscar a Dios. Durante este proceso, empezaron a suceder cosas inusuales que no podía explicar. Por naturaleza soy una persona racional que se guía por la lógica, capacitada para usar un marco bíblico para explicar todo. Sin embargo, poco después de la muerte de Harriet, empezaron a suceder acontecimientos que no encajaban con mi visión teológica del mundo, los cuales me impulsaron a hurgar más profundamente para comprender su significado desde una perspectiva bíblica. Mi comprensión del cielo, la presencia de Harriet ahí, y mi relación con ella estaban a punto de cambiar de una manera dramática y reveladora.

SEGUNDA PARTE

❧

❧

EL CAMINO DE
REGRESO A LA VIDA

CAPÍTULO 4

La compasión
del cielo

Si a uno o a todos ellos a veces los envían a mundos
distantes en misiones por deber o por misericordia, o
los emplean, como algunos suponen, como espíritus
ministradores para amigos de este mundo, la influencia
del amor aún los guía para conducirse, en todo su
proceder, de tal manera que agrade mucho a Dios, y
de esta manera favorezca la propia felicidad y la de los
demás.

JONATHAN EDWARDS, *CHARITY AND ITS FRUITS*

La mañana del 21 de enero de 2013, tres meses después de la muerte de Harriet, me despertó la música de unos himnos. Me salí de la cama a rastras, preguntándome si la noche anterior había dejado la televisión prendida sin darme cuenta. Pero la pantalla en el estudio me devolvió la mirada, oscura y silenciosa.

Sin embargo, los himnos seguían flotando como oraciones por toda la casa. Seguí su rastro hasta el comedor, y finalmente ahí encontré la fuente: el celular de Harriet. Ahí me quedé, aturdido. Había llevado conmigo el teléfono de mi esposa a todos lados durante tres largas semanas, y había permanecido en silencio excepto por las veces que reproduje su mensaje grabado solo para oír la melodía de su dulce voz una vez más.

Pero en ese frío día de enero, se escuchaban himnos en su teléfono, y dieron calor a mi corazón. Después de una inspección más detallada, me di cuenta de que los himnos estaban programados como el tono de alarma para que Harriet despertara. Me reí, porque sentí como si Dios le hubiera permitido a Harriet darme un codazo para despertarme con un sonido gozoso y luego abrazarme. A ella le encantaban los himnos antiguos y con frecuencia los canturreaba mientras arreglaba flores. Escuché unos minutos más, y después desactivé la alarma. Alabé a Dios por su entrañable misericordia, y empecé el día con una sonrisa por primera vez desde la muerte de Harriet.

Volvió a suceder la mañana siguiente. Me despertó la poderosa letra y música del himno «Sé tú mi visión» que salía del celular de Harriet.

> *¡Oh, Dios de mi alma, sé tú mi visión!*
> *Nada te aparte de mi corazón.*
> *Día y noche pienso en ti,*
> *y tu presencia es luz para mí.*[1]

Tomé mis lentes, volví a verificar los ajustes del teléfono de Harriet, y descubrí que la alarma estaba activada. *Esto es raro,* pensé. Estaba seguro de que había desactivado la alarma el día anterior. Todavía más desconcertante, la alarma estaba programada para que sonara a las 6:44 a.m., y apenas eran las 6:30. En ese momento, me reí mientras la quitaba, y lo atribuí a cosas que hacen los teléfonos celulares. Pero pronto descubrí que eso no era una eventualidad técnica en lo absoluto. Estaba muy lejos de serlo. Esto fue el comienzo de muchos sucesos que me convencerían de que mi Dios misericordioso y amoroso estaba permitiendo que Harriet se comunicara conmigo desde su nuevo hogar en el cielo.

En este punto, sé que esta aseveración debe parecer inusual. Probablemente estés pensando que en mi estado de consternación, estaba interpretando acontecimientos ordinarios a través del filtro de mi dolor solitario y los estaba convirtiendo en algo más de lo que eran. Pero antes de que hagas este tipo de juicio, por favor sigue leyendo.

La carta de cumpleaños

Los primeros incidentes de los teléfonos celulares ocurrieron tres días antes de mi cumpleaños. Era un día al que le tenía miedo porque Harriet siempre había hecho que mis cumpleaños fueran especiales para mí. El día anterior, abrí mi correo y encontré una tarjeta de una amiga de la familia que desde hace mucho tiempo que vive en Chattanooga. La tarjeta presentaba un diseño hermoso de la oración del apóstol Pablo en Efesios 3: «Al que puede hacer muchísimo más que todo lo que podamos imaginarnos o pedir, por el poder que obra eficazmente en nosotros» (v. 20).

Ella había agregado esta nota:

Pete, sé que para ti este es un cumpleaños especialmente difícil sin Harriet, pero estoy orando para que Dios te bendiga por encima y más allá.

Y él lo hizo.

Al día siguiente, en mi cumpleaños, recibí una carta de otra de las amigas de Harriet de hace mucho tiempo. Dentro del sobre había otro sobre más pequeño que estaba poniéndose café en las orillas y contenía otra carta. Antes de abrir ese sobre obviamente más viejo, leí la nota de nuestra amiga.

Pete, no tengo idea de por qué conservé esta carta durante cuarenta y cinco años, pero cuando la volví a leer después de la muerte de Harriet, supe la respuesta. La guardé para ti.

Con dedos temblorosos, abrí el segundo sobre. Dentro de él estaba una carta que Harriet había escrito a mano; una que había escrito a su amiga sobre mí cuarenta y cinco años antes. Acabábamos de comprometernos en ese tiempo, y Harriet escribió la carta para expresar su euforia.

Quiero contarte sobre este hombre maravilloso que Dios trajo a mi vida...

Después Harriet escribió dos páginas sobre mí, incluyendo este párrafo que hizo que mi corazón se reanimara.

Lo vi... y no pude quitarle los ojos de encima. No precisamente por ser bien parecido; principalmente es el amor y fuerza radiantes que él tiene en Jesús, ¡tan obvios en su rostro y en su alegría constante! Esa noche, fui a mi cuarto y escribí una oración en la que le dije al Señor que yo creía que Pete era el chico que él había elegido para mí, y si Pete era ese chico, del Señor dependía que nos juntara, ¡y lo hizo!

¡Yo estaba demasiado impresionado! La oración «por encima y más allá» que mi amiga escribió en la carta que recibí el día anterior fue contestada de una manera que solo Dios podía orquestar. La amiga de Harriet encontró su carta guardada en una caja de recuerdos y me la envió. Ella no tenía manera de saber que la recibiría el día de mi cumpleaños.

¿Entonces por qué? ¿Por qué recibí una carta de amor de hace cuarenta y cinco años el día que cumplí sesenta y siete años? Recordé los himnos que de manera tan triunfal habían salido del celular de Harriet, especialmente «Sé tú mi visión». También pensé en la oración «por encima y más allá» que presagiaba la carta de Harriet. Y fue entonces cuando el cielo en el que ahora vive Harriet empezó a sentirse como un lugar que yo podía verdaderamente imaginar. Estaba empezando a encontrar terreno sólido donde antes había estado dando traspiés de dolor. También fue la primera vez que supe que sin duda Dios estaba permitiéndole a Harriet, siempre alentadora, trabajar en el cielo a mi favor.

❧ Dios sabía cuán profundamente lloraría la muerte de Harriet, y lo preocupada que ella estaría por mí. Quizás él le dijo a Harriet algo así: «Harriet, hace cuarenta y cinco años le escribiste una carta a una amiga y le contaste sobre Pete. Yo hice que ella la guardara todo este tiempo para que la enviara a Pete y le llegara el día de su cumpleaños como una carta de amor tuya».

Los himnos y la carta de Harriet fueron apenas el comienzo de las visitas amorosas de compasión que fluirían desde el cielo hacia mí en los próximos meses y años; visitas que sellaron mi creencia de que Harriet sigue amándome, sigue orando por mí, y está en contacto conmigo conforme Dios lo permite.

Escrito en los libros

Harriet fue una lectora ávida. A menudo leía un libro por semana. Una tarde solitaria después de su muerte, yo estaba hurgando en sus repisas buscando un ejemplar del libro *Tracks of a Fellow Struggler*[2] de John Claypool. Probablemente sea el mejor libro que alguna vez se haya escrito sobre el dolor. Yo lo había leído años atrás. Para mi sorpresa, no solo encontré ese libro escrito por Claypool, sino también otros tres: *The Hopeful Heart, Mending the Heart,* y *God is an Amateur.*[3]

Cuando me senté en la oficina de Harriet a leer esos libros, rápidamente me di cuenta de que ella los había marcado en lugares exactos que respondían a las preguntas que ese día yo me estaba haciendo. Un libro tenía un pedazo de papel que sobresalía de entre las páginas señalando una historia sobre personas que se reúnen en el cielo. El papel estaba amarillento y era obvio que había estado ahí durante años. Una frase que estaba subrayada en esa historia decía: «Se puede confiar en que el que por su gran misericordia me dio "los buenos viejos tiempos", también me dará los nuevos días buenos».[4] Lloré lágrimas de alegría. En el libro *The Hopeful Heart* de Claypool, Harriet había marcado el siguiente renglón: «Las peores cosas nunca son las últimas en manos de la magnífica misericordia de Dios».[5]

Una vez más sentí que Dios, por su misericordia, estaba permitiéndole a Harriet hablar conmigo, para darme la motivación que yo necesitaba para andar en esta tierra sin su presencia física a mi lado. Me fortaleció tener conciencia cada vez mayor de que por gracia de Dios, Harriet estaba ayudándome de manera activa a llevar mi luto.

Un regalo de Harriet en el día del amor y la amistad

A primeras horas de la mañana del 14 de febrero de 2013, seis semanas después de la muerte de Harriet, volví a pensar en cuánto la extrañaba cuando me di cuenta de que en el día del amor y la amistad no habría ninguna tarjeta de ella, ningún mensaje escrito por ella con su letra única. Me deprimí por un día marcado en rojo.

María, nuestra estupenda empleada doméstica a quien Harriet apreciaba, llegó a las 6 a.m., y hablamos sobre las tareas domésticas del día. Cuando yo iba saliendo para dar un estudio bíblico, se me vino un pensamiento: *Dale a María un regalo por el día del amor y la amistad.*

En repetidas ocasiones, Harriet había sido ejemplo de una práctica efectiva y particular: para sacudirte la tristeza, elige hacer algo por otra persona. Decidí imitar a mi esposa considerada. Yo no tenía una tarjeta del día del amor y la amistad, y darle dinero no parecía apropiado. Así que fui a mi oficina para buscar un regalo para María. Con el rabillo del ojo vi algo rojo y pequeño en la repisa superior de la estantería. Me estiré para tomarlo y en el proceso tiré otra cosa. El artículo rojo era un libro pequeño forrado de piel escrito por Henry Drummond titulado *The Greatest Thing in the World*[6] que está basado en 1 Corintios 13. Pensé que el libro sería un regalo del día del amor y la amistad apropiado para María, quien es modelo de trabajo duro y desinteresado, y de misericordia entrañable. Lo metí bajo mi brazo y luego fui a ver lo que había tirado cuando alcancé el libro. Para mi asombro, era la tarjeta del día del amor y la amistad que Harriet me había dado el año anterior. No recuerdo haberla puesto en mi estantería. Abrí la tarjeta y con alegría leí las palabras impresas. Pero lo que me emocionó fue la nota escrita por Harriet.

> Cariño, te amo demasiado y gracias por tu amor y tu devoción y tu protección.

Nunca quince palabras, especialmente su comentario sobre protección, habían significado tanto. Dios, el autor del amor, una vez más permitió a Harriet dejar sentir su presencia vibrante y hacerme saber que el amor de ella duraría para siempre.

Un acto de presencia en el Club de Yates de Nueva York

A Harriet le encantaban las bodas. Antes de la Navidad de 2012 ella me había recordado que hiciera la reservación de nuestros boletos de avión a Nueva York para la boda de su prima en el Club de Yates de Nueva York que sería en marzo. Harriet y yo nunca habíamos ido a Nueva York juntos, y ella anhelaba el viaje. (Su ilusión por esta boda fue otra confirmación de que el suicidio de Harriet no fue planeado.)

En ausencia de Harriet, Ann, nuestra hija menor, asistió a la boda conmigo. Las instalaciones del Club de Yates de Nueva York son imponentes. El salón principal tiene madera tallada a mano de piso a techo. Una chimenea gigante de piedra tallada sobresale en el centro del salón. Fotos de yates famosos de miembros del club cubren las paredes de todos los salones, algunas son de principios de los años 1800. Cuando admirábamos la belleza del lugar, nos volteamos a ver y dijimos casi simultáneamente: «¡Oh, a mamá le encantaría esto!».

Después Ann se disculpó para ir al tocador. Momentos después regresó, su rostro resplandecía de emoción. «¡Papá, no vas a creer lo que acabo de ver!», dijo. «Tienen fotos de yates hasta en los lavabos. Cuando me estaba lavando las manos, miré hacia arriba y justo en frente de mí estaba un yate llamado *El Harriet*. Ella está aquí, papá. ¡Mamá está aquí!».

La afirmación de Ann tenía sentido. Harriet no se hubiera perdido esa boda. De hecho, su última visita a la novia, su sobrina, fue el día de Navidad, y las dos habían hablado de cómo debían verse las flores de la boda. Después de la boda, supimos que la novia las había arreglado exactamente como Harriet había sugerido.

Himnos que sonaron en un teléfono celular; una vieja carta de amor de hace cuarenta y cinco años; renglones específicos marcados en libros; una tarjeta de San Valentín que me habló de su amor; una foto indicando su presencia en el Club de Yates de Nueva York. Todos estos incidentes fueron tan compasivos, tan motivantes, como Harriet. Cada uno iba haciéndome más consciente de que ella tiene una vida vibrante en el cielo. Me di cuenta de que Dios, por su entrañable misericordia, estaba orquestando estos sucesos. Estaba permitiendo que Harriet se acercara a mí con motivación afectuosa.

¿Es posible que estos hechos fueran meras coincidencias que elegí interpretar como la presencia de Harriet? ¿O eran lo que yo creía: señales del cielo a la tierra deliberadamente enviadas para darme la seguridad del cuidado y de la existencia continuada de Harriet?

Encontré la respuesta en una carta que C. S. Lewis le escribió a su amigo Sheldon Vanauken, quien como yo, estaba, llorando la pérdida de su esposa. Vanauken había visto un arcoíris brillante como una señal de esperanza que Dios envió, lo cual parecía tener un significado personal importante relacionado con la muerte de su esposa. Temiendo que el significado que él le atribuía al arcoíris fuera un mero producto de su imaginación que estaba interactuando con su dolor, le escribió a Lewis buscando una respuesta.

Lewis le aseguró que Dios no es indiferente a nuestra situación y permite que los sucesos normales de la naturaleza nos motiven. [7]

En otras palabras, nada de lo que sucede por la mano de Dios es accidental o casual. Él sabe de antemano todos los efectos que cada suceso tendrá en aquellos que lo experimentan, y estos efectos son parte de su propósito y ejemplos de su providencia en acción.

En su libro *God is an Amateur*, John Claypool nos recuerda que no deberíamos limitar la realidad de Dios a lo audible: «Quiero añadir la categoría de momento propicio e idoneidad a todo este fenómeno y sugerir que cada vez que ocurre algo que se adecúa a nuestra necesidad como una llave que encaja en una cerradura, también debe considerarse como una forma que Dios tiene de "hablarnos" o de tratar con nosotros».

Pero lo que te he relatado hasta ahora es un mero preludio. Los acontecimientos que abrieron mis ojos a la luz y a la vida que verdaderamente brilla desde el nuevo hogar celestial de Harriet están por contarse. Estos se presentaron en forma de sueños vivaces (míos y de otros) que no dejaron duda de que el cielo y la tierra se están tocando y que las puertas entre ellos no están cerradas. El capítulo que estás a punto de leer comunica estos sueños y otras experiencias que son sólo mías por la gracia de Dios, pero oro para que estos sucesos y encuentros te motiven mientras te abres paso por la senda del dolor. A través de sueños vivaces es como descubrí que Harriet está activa en el cielo, y sigue usando los dones y talentos espirituales que usó en la tierra para la gloria de Dios.

CAPÍTULO 5

CUANDO LA PUERTA DE
LOS SUEÑOS SE ABRIÓ

Dios nos habla una y otra vez,
aunque no lo percibamos.
Algunas veces en sueños,
otras veces en visiones nocturnas,
cuando caemos en un sopor profundo,
o cuando dormitamos en el lecho,
él nos habla al oído
y nos aterra con sus advertencias...

—JOB 33.14-16

A principios del siglo veinte, la existencia del cielo se aceptaba mucho más que hoy en día. Los avances en ciencia y tecnología han desviado nuestra visión hacia una percepción materialista de la realidad y nos han cegado a realidades más grandes y sustanciales que no se registran en instrumentos científicos. Estas realidades se impulsan por la fe; rodean y sustentan el cielo y las

61

vidas que nuestros seres queridos acogen después de dejar la tierra. Solo porque estas realidades no pueden probarse empíricamente, observarse por medio de telescopios, confirmarse mediante métodos científicos u obtenerse en una aplicación para teléfonos inteligentes no significa que no sean reales. De hecho, tenemos excelentes razones para creer que la realidad a la que llamamos cielo es aun más real y más sólida que la realidad que experimentamos en el ámbito material. Nos queda cada vez más claro que las vidas que nuestros seres queridos que han partido disfrutan en ese ámbito son vibrantes, cercanas y personales, y que ellos permanecen estrechamente conectados a aquellos que aman en la tierra. Las puertas y ventanas entre nuestra realidad y la suya no están cerradas.

Esto lo vemos en la historia de Abraham. Las Escrituras dicen que cuando Dios observó sucesos en la vida de Abraham, Dios les habló desde el cielo a los que estaban involucrados (Génesis 21.17; 22.10-11).

En 1850 Henry Edward Cardinal Manning describió la realidad que nuestros seres queridos cristianos conocen en el cielo:

Entonces, antes que nada, aprendamos que nunca podemos estar solos o abandonados en esta vida...

¿Nos van a olvidar porque «han sido perfeccionados»? ¿Van a amarnos menos porque ahora tienen el poder para amarnos más? Si nosotros no los olvidamos, ¿ellos no nos van a recordar con Dios?

Ningún juicio, entonces, puede aislarnos; ninguna pena puede separarnos de la comunión de los santos. . .

Arrodíllate, y estás con ellos; levanta tus ojos, y el mundo celestial, muy por encima de toda perturbación, pende serenamente sobre tu cabeza; solo un velo delgado, quizás, flota en medio. . . Todos los que amamos, y todos los que nos amaron; a quienes seguimos amando, y no amamos menos, mientras que ellos nos aman aún más, siempre están cerca, porque es siempre en su presencia en quien vivimos y habitamos. [1]

El dolor a menudo hace que la realidad que el cardenal Manning describió sea tan difícil de alcanzar como el humo. Las preguntas se presentan con mucha más facilidad que las respuestas. Tan pronto como la muerte oscurece nuestra puerta, las preguntas fluyen. Estas preguntas son intensas y sumamente honestas, y no desaparecen. ¿Todavía me conoce? ¿Me ama? ¿Está consciente de mi existencia? ¿Puede comunicarse conmigo? Sin embargo, porque tenemos miedo de cuáles podrían ser las respuestas, a menudo nos guardamos esa clase de preguntas.

Cuando Harriet murió, empecé a hacerme preguntas que no me atrevía a plantear a otros. Mis preguntas más apremiantes se las dirigía de manera inadvertida a Harriet misma: *Harriet, ¿puedes oírme?* Pronto empecé a dirigirle mis preguntas internas de manera sistemática. Y poco tiempo después se convirtieron en conversaciones externas: charlas verbales unilaterales basadas en mi creencia sincera de que Harriet seguía cerca de mí. Supuse que no podía perder un alma gemela con quien compartí cuarenta y cinco años de mi vida, sin percibir su cercanía, tan fragante como un perfume. Sabía que se había ido físicamente, pero sentía su presencia en el ámbito espiritual. El dolor crea ese rincón.

Me vi a menudo involucrado en una conversación con Harriet casi sin darme cuenta. *Cariño, recuerdo cuando compramos ese cuadro. ¿Recuerdas cómo nos divertimos ese día?* Una y otra vez la conversación unilateral ocurría; con tanta frecuencia, en realidad, que empecé a preguntarme si estaba enloqueciendo. Pero estaba a punto de descubrir que no era así. En los días por venir, aprendería más allá de toda duda que la muerte no había roto la conexión entre Harriet y yo. Las líneas de comunicación entre el cielo y la tierra estaban abiertas y activas.

La realidad que se encuentra en los sueños

Pocas semanas después de la muerte de Harriet, tomé mi auto y me dirigí a una pequeña cabaña que ella y yo habíamos construido en el campo para que nuestra familia la disfrutara. Necesitaba saber si en ese lugar todavía podía encontrar descanso y paz sin ella. Por la gracia de Dios, no fui recibido con pesar sino con esperanza, porque esa noche tuve el sueño más vivaz de mi vida. Fue diferente a cualquier otro sueño que alguna vez hubiera experimentado. Pronto descubrí que ese sueño fue el preludio de una fase completamente nueva de mi existencia. Fue el primero de muchos sueños que estaban por venir. Lo extraño de esto es que antes de esa vez nunca había tenido muchos sueños.

Cualquier persona que ha estado casada apreciará el valor y el propósito de mi sueño con Harriet porque estuvo lleno de romance. Así que comprenderás por qué no divulgo los detalles. No estaba seguro de qué pensar sobre el sueño, excepto que reflejaba mi añoranza por ella. No obstante, también incluía la motivación que ella me proporcionaba. Lo vi como un sueño maravilloso, único; y a menudo meditaba en su significado. Pero no fue sino hasta que tuve otros dos sueños cuando empecé a creer que eran comunicaciones auténticas con Harriet, que Dios, por su entrañable misericordia, estaba permitiendo desde el cielo.

El segundo sueño ocurrió el 8 de marzo de 2013. En sus vacaciones de primavera, mi hija Ann, su esposo, y sus cuatro hijos me visitaron, y juntos fuimos a nuestra cabaña familiar. La primera noche que estuvimos ahí, una tristeza extrema me envolvió toda la tarde. Harriet y yo habíamos construido la cabaña específicamente para experimentar unión familiar, para disfrutar tiempo con nuestras hijas, yernos y nietos. Pero la ausencia de Harriet del círculo familiar creó un abismo inmenso en mi sentido de unidad, y me perdí en eso.

Esa noche tuve otro sueño. Estuvo lejos de ser romántico, sin embargo fue intensamente real. En mi sueño, Harriet entró a la cabaña y se plantó justo frente a mi rostro. Ella estaba sudando como si hubiera estado haciendo ejercicio en el calor de afuera. En vida, rara vez vi a Harriet sudar, pero en ese sueño su piel estaba mojada y lustrosa. No obstante, me miró con mucha paz, y estaba radiante y gozosa.

Luego me dijo: «Pete, disfruta la cabaña y el rancho con nuestra familia; para eso la construimos».

Las palabras de Harriet disiparon mi tristeza. Y su enfoque amoroso hacia mí durante el sueño, después me hizo recordar una cita del libro *El gran Gatsby* de F. Scott Fitzgerald que una de nuestras amigas cercanas me había referido.

Esbozó una sonrisa comprensiva; mucho más que sólo comprensiva. Era una de aquellas sonrisas excepcionales, que tenía la cualidad de dejarte tranquilo. Sonrisas como esa se las topa uno sólo cuatro ó cinco veces en toda la vida, y comprenden, o parecen hacerlo, todo el mundo exterior en un instante, para después concentrarse en ti, con un prejuicio irresistible a tu favor. Te mostraba que te entendía hasta el punto en que quedas ser comprendido, creía en ti como a ti te gustaría creer en ti mismo y te aseguraba que se llevaba de ti la impresión precisa que tú, en tu mejor momento, querrías comunicar.[2]

Este pasaje captura a la perfección la esencia de la mirada de Harriet sobre mis ojos tal como la presencié en mi sueño.

No mucho después de ese viaje a la cabaña, tuve otro sueño. Harriet y yo estábamos en nuestro primer departamento en Austin, Texas. Nunca había soñado con ese departamento, y francamente, no era un lugar con el cual soñar.

En el sueño, yo estaba sentado en una silla, y Harriet entró completamente desnuda y empujó una aspiradora hacia mí. Casi al instante comprendí el significado del sueño. Ella estaba desnuda para que pudiera ver que la bolsa de colostomía que había usado durante los últimos quince años de su vida había desaparecido. No había ninguna abertura en su piel, ninguna cicatriz, ninguna evidencia de que alguna vez hubiera usado o necesitado esa bolsa. Ella estaba hermosa, perfecta, impecable. Es como si estuviera tratando de decirme: «Pete, estoy plena, y sigo siendo tuya».

Primero la aspiradora me desconcertó, pero después me di cuenta de su significado. Al principio de nuestro matrimonio, mi quehacer en la casa a menudo era aspirar. En el sueño, ella me regresaba la máquina como un símbolo para decirme que ya era hora de asumir mis responsabilidades otra vez. Me di cuenta de que ella me estaba diciendo: «Necesitas continuar la vida. Todavía estoy aquí contigo, pero tú tienes responsabilidades».

Fue en ese punto cuando me di cuenta de que cada sueño se presentaba en el momento preciso de mi vida en el que yo necesitaba palabras específicas de motivación. Esos sueños respaldaron más mi creencia progresiva de que Harriet seguía cerca y podía escucharme conforme Dios lo permitía.

Continué mi búsqueda para saber más sobre el cielo, estudiando las Escrituras y muchos libros centrados en la fe, incluyendo *The Business of Heaven* de C. S. Lewis, *El Cielo: Preguntas y respuestas* de Billy Graham, *El Cielo* de Joni Eareckson Tada, *Heaven Revealed* de Paul Enns, y *El Cielo* de Randy Alcorn.[3] Por medio de mis estudios, llegué a comprender que en el cielo Harriet tiene la misma personalidad que tenía en la tierra. También tiene el mismo amor a las flores, sigue usando su don de motivación, y tiene el mismo discernimiento y conocimiento que tenía cuando murió. Solo que ahora, es libre de sus problemas de salud, así como de los impedimentos y engaños mentales de la naturaleza pecaminosa.

Harriet también está creciendo en sabiduría. En el cielo Harriet sabe hasta cierto punto qué está pasando en la tierra, tal y como en el Antiguo Testamento el difunto Samuel seguía consciente de la situación de Saúl en la tierra. El incidente que revela este hecho se relata en 1 Samuel 28.14-19. Cuando Saúl, el rey de Israel estaba en apuros y necesitaba desesperadamente un consejo, buscó a una bruja en un lugar llamado Endor para que actuara como médium y llamara al espíritu de Samuel a la tierra. Cuando Samuel se levantó de la tumba, le dijo a Saúl:

—¿Por qué me molestas, haciéndome subir?

—Estoy muy angustiado —respondió Saúl—. Los filisteos me están atacando, y Dios me ha abandonado. Ya no me responde, ni en sueños ni por medio de profetas. Por eso decidí llamarte, para que me digas lo que debo hacer. (v. 15)

Observa que Saúl aceptó por completo que esta aparición era Samuel.

Samuel le replicó: —Pero, si el Señor se ha alejado de ti y se ha vuelto tu enemigo, ¿por qué me consultas a mí? El Señor ha cumplido lo que había anunciado por medio de mí: él te ha arrebatado de las manos el reino, y se lo ha dado a tu compañero David. Tú no obedeciste al Señor, pues no llevaste a cabo la furia de su castigo contra los amalecitas; por eso él te condena hoy. (vv. 16-18)

Samuel tenía plena conciencia de lo que había sucedido en la tierra desde que él murió. Actuó dentro de su rol de profeta y le dijo a Saúl lo que sucedería después:

El Señor te entregará a ti y a Israel en manos de los filisteos.
Mañana tú y tus hijos se unirán a mí, y el campamento israelita
caerá en poder de los filisteos. (v. 19)

Permíteme aclarar que mi tema central aquí no tiene nada que
ver con la intervención de la adivina de Endor, quien seguramente era una charlatana. La Biblia deja claro que ella se sorprendió
cuando Samuel apareció (vv. 12-13). La impostora se vio forzada a
confrontar la realidad de Dios. La adivina de Endor no fue quien
llevó a Samuel con Saúl, más bien, Dios utilizó esta herramienta de
comunicación para enseñarle a Saúl la verdad.

Esta historia aclara el hecho de que los que están en el cielo están conscientes de lo que está pasando en la tierra y pueden
comunicarse con las personas en la tierra. Despejó cualquier duda
de que Harriet estuviera consciente de mi vida y pudiera comunicarse conmigo. Dios estaba empezando a enseñarme esta y otras
verdades por medio de mis sueños: Harriet está activa en el cielo,
creciendo en sabiduría, y puede verme conforme Dios lo permite.
Quiere que yo sepa que ella está bien y que Dios le está permitiendo comunicarse conmigo.

Cualquier duda que me hubiera quedado respecto a la verdad
de esta conclusión fue borrada por los relatos de las experiencias de
otras personas que habían perdido a sus compañeros y se habían
encontrado con visitas similares.

C. S. Lewis, quien también había perdido al amor de su vida,
tuvo un encuentro con Joy, su esposa, en un sueño inusual. En
su libro *Una pena en observación,* reflexionó sobre ese sueño a la
mañana siguiente.

Se cree a veces que los muertos nos están mirando. Y pensamos, con razón o sin ella, que, si nos miran, lo harán con mucha mayor claridad que antes...Esa era la calidad de la experiencia de anoche. Lo que hace que la experiencia de anoche merezca ser registrada es su calidad, no por lo que prueba sino por lo que fue en sí misma. Estuvo en realidad sorprendentemente exenta de emoción. No fue más que la impresión de que su intelecto se enfrentaba momentáneamente con el mío...

Lo que me dio la impresión de que venía a mi encuentro estaba lleno de resolución. En una ocasión, cuando ya se acercaba su final, le dije: «Si puedes, si te dejan, ven junto a mí cuando yo también esté en mi lecho de muerte». «¿Dejarme? —me contestó—. Trabajo le va a costar al Cielo retenerme. Y en cuanto al Infierno, lo rompería en pedazos.» Sabía que estaba usando una especie de lenguaje mitológico, del que no estaba ausente incluso un ingrediente de comedia. Había un centelleo en sus ojos, pero también lágrimas.[4]

Observa que aunque la esposa de Lewis está en el cielo, ella está completamente consciente del deseo terrenal de él y hasta percibe su angustia.

En su libro *A Severe Mercy*, Sheldon Vanauken, un amigo cercano de Lewis, también escribió mucho sobre la visión que tuvo de su esposa ya fallecida.

Era por la mañana. Yo había regresado a Oxford dos años después de la muerte de Davy, y encontré alojamiento [...] Estaba vestido para ir a una conferencia que habría en el colegio a primera hora. La luz solar matutina se reclinaba en las ventanas. Escuché un pequeño ruido y volteé: era Davy. Yo estaba totalmente consciente de que ella estaba muerta, y al instante y de manera aplastante, estaba consciente de que algo milagroso estaba sucediendo. Yo estaba, me dije, completamente despierto.

«¡Davy!», grité.

Ella mostró una amplia sonrisa. Yo sentí alegría absoluta cuando di un paso hacia ella, pero también me sentí un poco vacilante, dudoso.

«Está bien, amor», dijo, y extendió sus brazos. Yo me metí en ellos, y nos abrazamos y nos besamos; ese beso fue el cielo. Pero aun dentro de la alegría, yo estaba consciente, con cierto asombro, de que ella estaba tibia y sólida. ¿No se suponía que los fantasmas son...? Pero podía sentir sus omóplatos bajo mis manos. Retrocedí y la miré. Se veía tal y como siempre se había visto... Sentí una inmensa gratitud hacia ella, y hacia Dios por permitirle venir. Había, también, solo un indicio de cohibición, de timidez; no sabiendo bien cuáles eran las reglas, por así decirlo, para ese tipo de situación. Dando unos pasos atrás, vi su rostro, su ropa, todo en un segundo o dos.

«¡Davy, Davy!», dije.

«¡Ay cariño!» dijo. Después agregó: «No puedo quedarme mucho tiempo».

Seguimos caminando y nos sentamos en la orilla de la cama rodeándonos uno al otro con nuestros brazos, y yo dije algo sobre estar eternamente agradecido porque ella estaba ahí definitivamente.

Luego, después de un breve silencio, dije: «¿Puedes decirme una cosa, mi amor?». «¿Tú estás... mmm, *conmigo* a veces? A veces he pensado que podrías estar conmigo».

«Sí, sí estoy contigo», dijo. «Sé todo lo que haces».

«¡Gracias a Dios!», dije. Después dije, de manera muy casual: «¿Y mis cartas para ti, las has, mmm, leído?». «¿Por encima de mi hombro, tal vez?».

Ella sabía —nosotros siempre sabíamos— que eso era importante para mí. Estrechó sus brazos alrededor de mí, y dijo en voz baja: «Sí, mi amor. Las he leído todas».

Y entonces nuestros ojos se encontraron con esa mirada de perfecto entendimiento, esa mirada *conocedora*, que yo había extrañado más que nada. Después de eso, simplemente nos sentamos ahí en la orilla de la cama, abrazados, mejilla con mejilla. Nos dijimos más cosas, y hubo risas. Y yo estaba impregnado de éxtasis. No recuerdo sus palabras exactas, pero me dio a entender que ella había deseado esa reunión tanto como yo podría haberla deseado; y recuerdo haber pensado que Dios lo había permitido porque la amaba. [5]

En *A Severe Mercy*, Vanauken también afirmó que Lewis le dijo que él creía que Dios permite que los difuntos permanezcan cerca de nosotros durante un tiempo de modo que tengamos conciencia de su realidad. [6]

Dallas Willard hizo eco de esta conclusión en una entrevista con Bob Buford, y agregó: «Definitivamente creo que las personas que se nos han adelantado pueden saber lo que nos está sucediendo, pero no van a preocuparse por nosotros porque comprenden mejor la vida que nosotros ».[7]

Fue durante mis lecturas de Vanauken, de Lewis y de Willard cuando la afirmación que Lewis hizo sobre la existencia continuada de un ser querido empezó a convertirse en un deleite para mí. En ese tiempo, debido a mi dolor honesto, le había estado preguntando a Dios si Harriet podía escucharme.

Dios contestó de maneras espectaculares y sorprendentes que me dejaron asombrado.

CAPÍTULO 6

PREGUNTAS PARA
EL CIELO

Los sueños pueden ser una de las vías más comunes por medio de las cuales Dios se pone en contacto con nosotros.

—MORTON KELSEY,
LOS SUEÑOS: UNA FORMA DE ESCUCHAR A DIOS

E staba frente a mi escritorio cuando el teléfono sonó. Lo levanté, y en el momento que oí la voz de Jim, supe que era una de esas llamadas que todos tememos. «Pete, mi médico acaba de decirme que el cáncer regresó con más fuerza, y dice que me queda cerca de un mes de vida. ¿Quieres dirigir mi funeral?».

Le aseguré que lo haría, colgué el teléfono, y me dirigí al hospital para verlo. Justo cuando llegué, un pensamiento extraordinario se me metió en la cabeza. Lo dejé postergado durante mi visita a Jim. Él era un viejo amigo y un creyente firme, y no tenía miedo de morir. Así que, cuando terminamos de hablar sobre su funeral, le hice una petición sobre lo que tenía en mente.

«Jim, quiero hacerte una petición. No conozco a muchas personas que estén a escasos días de irse al cielo, así que quiero que me hagas un favor. Cuando llegues ahí, ¿quieres buscar a Harriet y decirle tres cosas? Primero, dile que la amo y que la extraño muchísimo. En segundo lugar, dile que quiero saber si puede escucharme. En tercer lugar, no creo que le permitan responder esa pregunta directamente, así que por favor pídele que acuda a Jesús, y le pida que él me lo diga».

Él acordó favorecer mi petición e incluso parecía entusiasmado por hacerlo. Mientras regresaba del hospital, empecé a preguntarme si había hecho lo correcto. Pocos días después, Dios, por su gran misericordia puso en mi mente estos pensamientos:

Pete, ten cuidado con lo que pides. Supón que la respuesta es sí. ¿Estarás tentado a hacer de Harriet un ídolo? ¿Estarás tentado a dirigirle tus oraciones a ella y no a mí? ¿Esto provocará que te quedes atorado en el pasado?

Reflexioné sobre estos pensamientos durante mis oraciones y después respondí: *Señor, tú sabes que soy capaz de permitir que las tres cosas sucedan, así que si estoy buscando saber algo que es sólo tuyo, perdóname. Hágase tu voluntad, no la mía. Sin embargo, por favor no te molestes conmigo porque realmente quiero saberlo, si esto es posible y sabio.*

Tres días antes de que Jim muriera, volví a visitarlo. Él dijo: «Pete, recuerdo las tres cosas que me pediste que le dijera a Harriet, y prometo preguntárselas si es posible».

Pasó un mes después de su funeral, y nada sucedió. Le dije al Señor que si su respuesta era no, yo la aceptaba.

Para entonces, en mis estudios sobre el cielo, había aprendido dos cosas nuevas. La Biblia nos asegura que se nos dan dones espirituales, y Romanos 11.29 nos asegura que nuestros dones son permanentes: «porque las dádivas de Dios son irrevocables, como lo es también su llamamiento». Pablo después refirió que nuestros dones espirituales son parte del cuerpo de Cristo (Romanos 12), lo cual principalmente implica su importancia y permanencia.

A la luz de estas certezas, estuve reflexionando sobre el don de motivación de Harriet. También estuve reflexionando sobre Apocalipsis 8.3-4 (RVR1977), que habla de cómo los santos oran en el cielo.

Otro ángel vino entonces y se paró ante el altar, con un incensario de oro; y se le dio mucho incienso para añadirlo a las oraciones de todos los santos, sobre el altar de oro que estaba delante del trono. Y de la mano del ángel subió a la presencia de Dios el humo del incienso con las oraciones de los santos.

Caí en la cuenta de que Harriet había orado por mí todos los días de nuestra vida terrenal juntos. Así que oré y le pedí a Dios si Harriet podía seguir siendo mi compañera de oración. Si yo le decía a él cosas para que él se las dijera a ella, sabía que ella oraría por ellas. Le dije al Señor que yo no tenía razones para creer que eso no pudiera ser verdad, así que si él condescendía, yo le haría a él mis peticiones de oración y le pediría que se las informara a ella.

༄

Poco tiempo después, recibí otra llamada telefónica. Era de Lisa, una buena amiga de la familia. «Pete, a mi hermana, quien ha estado batallando contra el cáncer, le dieron un mes de vida. ¿Quieres dirigir su funeral?».

Aunque yo había conocido a la hermana de Lisa, no sabía dónde se encontraba espiritualmente. Ella no asistía a la iglesia, y tenía un intelecto agudo, lo cual fue la causa de que tuviera muchas preguntas sobre Dios. Estuve de acuerdo con dirigir el servicio, pero sabía que necesitaba pasar tiempo con ella para responder sus preguntas de modo que ella pudiera descansar en la fe de que Cristo murió por sus pecados. Oré a Dios para que me ayudara y le pregunté si quería decirle a Harriet que orara por nuestra estimada hermana.

La fe en Cristo de la hermana de Lisa creció a medida que nos reunimos y oramos juntos. Le di gracias a Dios, y pocas semanas después conduje su funeral. Dos meses después recibí una llamada de Lisa que de manera dramática aligeró la opresión del dolor sobre mi corazón.

«Pete», dijo, «desde que mi hermana murió he estado batallando tanto que no he dormido bien. Anoche estuve llorando hasta que me quedé dormida. Pero luego lo más maravilloso sucedió: Harriet acudió a mí en uno de mis sueños».

Como puedes imaginarte, esas palabras hicieron que mi corazón saltara. «¿Qué hizo ella?». «¿Qué dijo?», pregunté.

«No recuerdo ninguna palabra», mi amiga respondió. «Solo recuerdo que ella me estaba animando con su presencia reconfortante, amable. Pero también hizo algo extraño. Me dio una hoja rayada de papel amarillo, y arriba tenía escrita la palabra "Pregunta". Al final de la página estaban las palabras "Pete Deison". Desperté asombrada y dándole gracias a Dios. Me sentí renovada, animada, y amada por Dios».

Por un momento, simplemente me quedé sentado, eufórico. De inmediato supe lo que significaba el papel amarillo. Me recuperé y se lo expliqué a mi amiga. «Cuando me comentaste sobre la muerte inminente de tu hermana, le pregunté a Dios si haría que Harriet fuera mi compañera de oración por tu hermana. Al parecer, él no solo respondió esa pregunta en tu sueño sino también mi pregunta sobre si Harriet podía escucharme».

El 13 de julio de 2013, escribí esta oración en mi diario.

Señor, si me estás diciendo lo que creo y espero, que Harriet sí me escucha, ¿corroborarías esto para tu honra? De acuerdo con tu Palabra, dos o más testigos resolverán un asunto.

Cuatro días después, me topé con una amiga que acababa de recuperarse de una cirugía mayor. Nuestra iglesia había orado intensamente por ella. Le dije que estaba encantado de verla y que me daba gusto que la cirugía hubiera sido un éxito.

«Oh Pete», contestó, «me da gusto verte porque hay algo que necesito decirte. Después de mi cirugía, soñé con Harriet».

Una vez más mi corazón se detuvo mientras esperaba con ansias su explicación.

«En el sueño, fui a la iglesia a contarle a los pastores lo feliz que estaba porque Dios había contestado nuestras oraciones. No pude encontrar a nadie, así que fui al santuario. Al principio estaba vacío, pero después Harriet entró y dijo: "Cariño, yo te escucho. Siéntate y platícame sobre tu operación". Y lo hice. Recuerdo que mientras hablaba estuve dirigiendo la mirada hacia el órgano, luego hacia el vitral y después otra vez hacia ella. Le platiqué todo sobre el cuidado que el Señor me proporcionó durante mi enfermedad y cirugía, y de cómo me había librado de muchas complicaciones espantosas. Harriet simplemente escuchaba, sonriendo y regocijándose conmigo. Y luego, después de una pausa, volví a dirigir mi mirada hacia ella, y ya se había ido».

Después de escuchar esta historia, me fui a casa, caí sobre mis rodillas, y derramé mi euforia en Dios. «Señor, ¡eres asombroso! Pedí dos testigos que confirmaran que Harriet sí me escucha, y tú has enviado a dos personas a las que no busqué para nada, que no se conocen entre ellas, y ambas han tenido sueños sobre Harriet que estaban directamente relacionados con mis oraciones. ¡Gracias!».

Con estas corroboraciones a mis experiencias, había llegado al punto en el que no tenía duda alguna. El cielo y la tierra no están cerrados entre sí, tampoco lo estábamos Harriet y yo. Ella estaba ahí; estaba consciente de mí y de lo que yo hacía. Y conforme Dios lo permitía, podía comunicarse conmigo. En ese instante, mi dolor aminoró. El conocimiento que Dios me dio de que mi apreciada esposa estaba sirviéndolo activamente fue prueba asombrosa de su amor, y me proporcionó gran gozo.

Un fundamento bíblico
de los sueños

Para entonces, mi mente estaba titubeando. Como pastor, todo lo fundamento en la Palabra de Dios. Para mí era importante saber cómo y dónde estas experiencias encajaban en las Escrituras. Por supuesto Dios iba delante de mí. El libro que yo estaba estudiando en ese tiempo era *Guard Us, Guide Us* de J. I. Packer. En este libro, Packer habla sobre la guía de Dios y aconseja a los creyentes a hacer siete cosas para encontrarla:

1. Estudia la situación y recopila las pruebas necesarias.
2. Separa las preguntas que surjan de la situación.
3. Examina las Escrituras relacionadas con la situación que estés enfrentando.
4. Desconfía de ti mismo en relación con la situación.
5. Suplica (ora) humildemente sobre la situación.
6. Tómate tiempo sin prisas para decidir cómo manejar la situación.
7. Sométete a Dios de manera absoluta en relación con la situación.[1]

Mientras buscaba seguir la guía de Packer, resaltaron estos pensamientos: todas las situaciones de la vida están bajo la soberanía de Dios. Él sabe todo antes y después. Asimismo, él planea y decide todo lo que sucede. Por último, incluso conoce los pensamientos que fluyen libremente en nuestras mentes.

Packer afirmó: «Todos los procesos de la naturaleza son voluntad del Creador, y los sustenta directamente, cada momento, hasta el más mínimo detalle, así como los pensamientos que pasan por nuestra mente esporádicamente, y *los sueños que nos confunden mientras dormimos*, y las decisiones autónomas por las que rendiremos cuentas sobre lo que haremos y no haremos, las cuales constantemente tomamos a lo largo de las horas que estamos despiertos».[2]

Lo que llamó mi atención fue que Packer incluyera sueños en su afirmación. No mucho tiempo después de leer esto, otras personas, incluyendo ancianos de la iglesia, pastores y amigos empezaron a buscarme para contarme sus experiencias personales de la gracia de Dios relacionadas con sueños que tuvieron con seres queridos que han partido.

Uno de estos sueños, el de una amiga cercana a quien llamaré Katy, se destaca. Cuando Katy era niña, su hermana mayor murió. Las dos habían sido amigas íntimas. Una noche ella tuvo un sueño en el que su hermana se acercó a ella y le dijo: «Está bien, Katy. Estoy bien».

El sueño terminó y Katy despertó bastante alterada, clamando a Dios: «¡Necesito más prueba que un sueño!».

Entonces se volvió a dormir y soñó que su hermana regresaba. Ella estaba de pie a un lado de la cama de Katy, la miró directamente, y dijo: «¿Necesitas más prueba? ¿Ves estos libros en tu mesa de noche?». Katy estaba mirando cuando con un movimiento de la mano, su hermana tiró todos los libros que estaban apilados en la mesa.

A la mañana siguiente, cuando Katy despertó, todos sus libros estaban esparcidos en el piso. Ella concluyó su historia diciéndome: «Ver esos libros esparcidos por la alfombra me produjo gran paz porque mi hermana realmente se comunicó conmigo en ese sueño, y su existencia continuada es una realidad».

Con la guía de Packer para buscar la dirección de Dios firmemente implantada en mi mente, empecé una investigación intensa en las Escrituras y en los textos de teólogos respetados para obtener una comprensión más profunda de los sueños. Desde el principio era claro para mí que los sueños siempre habían sido uno de los canales de comunicación de Dios con los humanos. Como dijo Dallas Willard en su libro *Hearing God*, «Dios se dirige a nosotros de distintas maneras: en sueños, visiones y voces; a través de la Biblia y de acontecimientos extraordinarios; y así por el estilo».[3] Ya estaba empezando a aprender la realidad de esta observación personalmente, así que mi siguiente paso fue continuar mi búsqueda para estar seguro de que estaba sobre un fundamento bíblico sólido.

Cuando el cielo baja la escalinata

Mediante el estudio metódico, aprendí que las Escrituras están llenas de sueños. Jacob tuvo el primer sueño detallado y significativo registrado en la Biblia, y por ser el primer sueño, tiene importancia fundamental. Dios estaba estableciendo un precedente, así que sus detalles tienen gran peso.

Jacob partió de Berseba y se encaminó hacia Jarán. Cuando llegó a cierto lugar, se detuvo para pasar la noche, porque ya estaba anocheciendo. Tomó una piedra, la usó como almohada, y se acostó a dormir en ese lugar. Allí soñó que había una escalinata apoyada en la tierra, y cuyo extremo superior llegaba hasta el cielo. Por ella subían y bajaban los ángeles de Dios. (Génesis 28.10-12)

Observa los detalles del sueño, especialmente la conexión entre el cielo y la tierra.

Y he aquí, el Señor estaba sobre ella, y dijo: Yo soy el Señor, el Dios de tu padre Abraham y el Dios de Isaac. La tierra en la que estás acostado te la daré a ti y a tu descendencia. También tu descendencia será como el polvo de la tierra, y te extenderás hacia el occidente y hacia el oriente, hacia el norte y hacia el sur; y en ti y en tu simiente serán bendecidas todas las familias de la tierra. (vv. 13-14 LBLA)

En esta sección, Dios reafirmó su pacto con Abraham y sus descendientes:

«Yo estoy contigo. Te protegeré por dondequiera que vayas, y te traeré de vuelta a esta tierra. No te abandonaré hasta cumplir con todo lo que te he prometido». Al despertar Jacob de su sueño, pensó: «En realidad, el Señor está en este lugar, y yo no me había dado cuenta». Y con mucho temor, añadió: «¡Qué asombroso es este lugar! Es nada menos que la casa de Dios; ¡es la puerta del cielo!». (vv. 15-17)

En este pasaje de las Escrituras, Jacob soñó con una escalinata apoyada en la tierra, que llegaba hasta el cielo. Los ángeles de Dios ascendían y descendían por ella. El Señor estaba por encima de la escalinata y confirmó su pacto y su compromiso de proteger a Jacob y devolverlo a la tierra donde él estaba desarrollando el plan que tenía para su pueblo. Cuando Jacob despertó, declaró que ese lugar era la casa de Dios y la puerta del cielo.

Varias cosas son importantes respecto a este primer sueño:

1. Dios estableció una conexión entre él mismo y la tierra.
2. Tenía mensajeros que iban y venían (Hebreos 1.14).
3. El centro era el plan de su pacto y el pueblo de su pacto y, en este pasaje, en su cuidado por Jacob, su agente humano.
4. Dios recurrió a un sueño para transmitir este mensaje.
5. A ese lugar Jacob lo llamó la puerta del cielo.

Por toda la Biblia, leemos que Dios se comunica con las personas de muchas maneras diferentes. A Moisés le habló por medio de una zarza ardiente, a Abraham por medio de un ángel, a muchas personas por medio de profetas, e incluso una vez ¡por medio de un burro! Dios, con su creatividad ilimitada, parece estar dispuesto a recurrir a cualquier medio que sea efectivo para comunicar su mensaje. Y comenzando con su comunicación con Jacob, por toda la Biblia encontramos que Dios muchas veces habla en sueños a su pueblo y a incrédulos por igual.

Job 33.14-15 nos recuerda que los sueños son una de las formas de comunicación que Dios usa para cumplir sus propósitos: «Dios nos habla una y otra vez, aunque no lo percibamos. Algunas veces en sueños, otras veces en visiones nocturnas, cuando caemos en un sopor profundo, o cuando dormitamos en el lecho».

Varios capítulos después del relato del sueño de Jacob en Génesis, encontramos a José interpretando los sueños de Faraón.

...[Faraón] le dijo [a José]:

—Tuve un sueño que nadie ha podido interpretar. Pero me he enterado de que, cuando tú oyes un sueño, eres capaz de interpretarlo.

—No soy yo quien puede hacerlo —respondió José—, sino que es Dios quien le dará al faraón una respuesta favorable. (Génesis 41.15-16)

Observa que aunque el sueño de Faraón le fue dado en símbolos, Dios está dispuesto a hacerlo comprensible.

Daniel tuvo varios sueños sumamente significativos e interpretó los sueños proféticos que Dios le envió a Nabucodonosor.

A esto Daniel respondió:

—No hay ningún sabio ni hechicero, ni mago o adivino, que pueda explicarle a su Majestad el misterio que le preocupa. Pero hay un Dios en el cielo que revela los misterios. Ese Dios le ha mostrado a usted lo que tendrá lugar en los días venideros. Estos son el sueño y las visiones que pasaron por la mente de su Majestad mientras dormía: Allí, en su cama, su Majestad dirigió sus pensamientos a las cosas por venir, y el que revela los misterios le mostró lo que está por suceder. Por lo que a mí toca, este misterio me ha sido revelado, no porque yo sea más sabio que el resto de la humanidad, sino para que su Majestad llegue a conocer su interpretación y entienda lo que pasaba por su mente. (Daniel 2.27-30)

Después de visitar a Jesús, los sabios recibieron una advertencia en un sueño de parte de Dios para que no volvieran a Herodes.

Entonces, advertidos en sueños de que no volvieran a Herodes, regresaron a su tierra por otro camino. (Mateo 2.12)

José recibió un sueño que le advirtió que el rey Herodes quería matar a Jesús, por lo que pudo escapar a Egipto con su familia.

Cuando ya se habían ido, un ángel del Señor se le apareció en sueños a José y le dijo: «Levántate, toma al niño y a su madre, y huye a Egipto. Quédate allí hasta que yo te avise, porque Herodes va a buscar al niño para matarlo». (Mateo 2.13)

En el Nuevo Testamento, Dios les dio varias visiones a Pedro, a Pablo y a Juan:

Vio el cielo abierto y algo parecido a una gran sábana que, suspendida por las cuatro puntas, descendía hacia la tierra. (Hechos 10.11)

Durante la noche Pablo tuvo una visión en la que un hombre de Macedonia, puesto de pie, le rogaba: «Pasa a Macedonia y ayúdanos». Después de que Pablo tuvo la visión, en seguida nos preparamos para partir hacia Macedonia, convencidos de que Dios nos había llamado a anunciar el evangelio a los macedonios. (Hechos 16.9-10)

Este tipo de sueños comunicativos no fueron un mero fenómeno de los tiempos bíblicos. Está claro que la intención de Dios era que continuaran en el futuro. En su explicación de la venida del Espíritu Santo, la señal del nuevo pacto, Pedro dijo: «...tendrán visiones los jóvenes y sueños los ancianos» (Hechos 2.17).

Mi estudio de las Escrituras me ayudó a comprender que Dios usa los sueños como una de sus herramientas creativas de comunicación para cumplir con sus propósitos, no solo en el pasado sino también en el presente. Ahora sabía que al llegar a esta conclusión, estaba en terreno bíblico sólido, y no estaba solo.

Sueños en la iglesia primitiva

Los padres de la iglesia primitiva generalmente consideraban que los sueños eran un medio de comunicación de parte de Dios. Policarpo, un amigo del apóstol Juan, escribió sobre un sueño que tuvo en el que moría como mártir en Roma. Ese sueño después se volvió realidad. Irineo creía que los sueños eran «un medio para que él mantuviera un contacto apropiado con Dios». Orígenes analizó sueños en varios de sus libros, igual que Clemente, otro padre de la iglesia primitiva. Tertuliano creía que los sueños eran extremadamente importantes, y en su libro *Acerca del alma,* escribió sobre ellos de manera extensiva. No midió sus palabras cuando expresó su convicción sobre este asunto. «¿Acaso no es sabido para todos que el sueño es la forma más usual en que Dios se revela al hombre?».[4]

Durante el período en el que los credos doctrinales de la iglesia se estaban estableciendo, Atanasio y los padres de la iglesia contemporáneos a él valoraban los sueños. Otros padres de la iglesia después de ellos también escribieron de manera extensiva sobre los sueños, incluyendo Jerónimo, Gregorio Magno, Bernardo de Claraval y Francisco de Asís.

Aun en nuestros días, el reconocido autor Eric Metaxas dio su testimonio en el ejemplar de junio de 2013 de *Christianity Today.* Relató un sueño en el que Dios le habló y lo dejó con un sentimiento de «frescura y renovación». Cuando le preguntaron qué significaba ese sueño, hasta él mismo se sorprendió de su respuesta:

> Dije lo que nunca habría dicho antes, y habría respingado al oír a cualquier otra persona decirlo. Dije que había aceptado a Jesús. Y cuando dije esas palabras, me inundó el mismo gozo que había sentido en el sueño. Y ese gozo ha estado conmigo durante los últimos veinticinco años.[5]

Todo lo relacionado con la historia de que Dios se comunica a través de sueños, en la Biblia, en la iglesia primitiva, y en la actualidad, se reduce a la soberanía de Dios. Los sueños son de su dominio, no del nuestro. Él los genera; nosotros somos los receptores.

Es obvio que él usa sueños, pero lo hace con su sabiduría y para sus propósitos.

La Biblia es el medio fundamental que Dios usa para comunicarse con nosotros, y es el medio exclusivo para transmitir verdades teológicas. Es el fundamento sobre el cual interpretamos y discernimos nuestras vidas. Tienes que comprender esto: ningún sueño que contradiga las Escrituras proviene de Dios. Quiero asegurarme de que esta perspectiva quede establecida desde el principio en todo lo que escribo en este libro. No considero los sueños como guía o información sin primero acudir a las Escrituras. Veo todos los sueños a través de los lentes de la gracia personalizada. Mis sueños fueron experiencias que Dios me dio, y sigue dándome. Los sueños son dádivas de su gracia, no son mandatos o instrucciones.

Yo le había pedido a Dios confirmación de la presencia de Harriet en el cielo, y él accedió por razones que solamente él sabe. Fue su elección y no la mía. Yo solo sabía que estaba agradecido.

CAPÍTULO 7

DÁDIVAS DE GRACIA: MÁS SUEÑOS

Bendeciré al SEÑOR, que me aconseja;
aun de noche me reprende mi conciencia.

—SALMOS 16.7

A estas alturas de mi jornada de dolor, Dios me había dado tres sueños notables con Harriet, y dos amigas me habían reportado sus sueños en los que Harriet había usado su don de motivación para ayudarlas a atravesar tiempos difíciles. Además, yo había hecho un estudio extenso sobre los sueños, inspeccionando las Escrituras, la historia y las experiencias registradas por creyentes respetables. Ese estudio me había confirmado la realidad de lo que mis amigas y yo habíamos experimentado.

Sin embargo, hasta que lo supe, los sueños acabaron. Habían cumplido el propósito de Dios de darme la certeza sobre la realidad de Harriet, respondiendo las preguntas que pesaban sobre mi espíritu, y reduciendo considerablemente la intensidad de mi dolor. Había sido muy bendecido, tanto por los sueños como por mi estudio de las Escrituras, y me di cuenta de que a través de todo esto había obtenido percepciones y comprensión que nunca antes había tenido.

Se me ocurrió que estos conocimientos podrían beneficiar a otras personas que estuvieran abrumadas por el sufrimiento. No estaría bien que atesorara solo para mí todo lo que había aprendido y experimentado; sabía que tenía que compartir esta manifestación extraordinaria de la gracia de Dios. Conforme compartía mis experiencias, repetidas veces me preguntaban si escribiría sobre ellas. Así que oré: *Señor, ya me siento satisfecho y me considero bendecido con los sueños que otros tuvieron de Harriet. Estos han aliviado gran parte de mi sufrimiento. Si quieres que escriba acerca de esto, y si te honra ¿puedo atreverme a pedirte que me des muchos sueños más, los que determines necesarios?*

La respuesta de Dios a esa oración excedió cualquier cosa que pudiera haber imaginado. En poco menos de unos cuantos meses de oración, cinco personas más se acercaron a mí para decirme que habían tenido sueños sobre Harriet. Y sueños sobre ella empezaron a fluir uno tras otro directamente hacia mí. De hecho, desde que empecé a escribir este libro, he tenido más de cien sueños sobre Harriet, no todos tan significativos como otros, pero no menos reales. Los he registrado todos, y le doy gracias a Dios por cada uno de ellos. Me animaron profundamente y, por haberse presentado en respuesta a una oración específica, me confirmaron que sin duda alguna debía compartir mi historia.

Sueños de amigas de Harriet y de la familia

Los sueños que las amistades de Harriet y nuestra familia me reportaban variaban en importancia. Algunos eran cortos y enigmáticos, y contenían afirmaciones o hechos que despertaban curiosidad o la necesidad de una explicación. Otros eran claros, motivadores e incluso triviales y alegres.

Por ejemplo, cerca de un mes después de la muerte de Harriet, ella apareció en un sueño de una de sus amigas íntimas. Su amiga me platicó que cuando vio a Harriet en el sueño, le preguntó: «¿Es realmente cierto todo lo que dicen del cielo?».

«Sí», respondió Harriet, sonriendo y riendo un poco mientras hablaba. Era como si el cielo fuera mucho más deleitable y magnífico de lo que ella podía expresar.

Otra amiga me contó sobre un sueño en el que vio a Harriet absorta en sus pensamientos. Lo único que Harriet dijo fue: «Debí haber amado a mi familia de otra manera». No ofreció ninguna explicación por esa afirmación, pero sea cual fuere su significado, ella estaba reflexionando sobre esto, mas no estaba consternada.

Un sueño menos enigmático y probablemente más significativo fue el de una amiga de Harriet quien comparte su cumpleaños y también padece depresión.

«Desde que Harriet murió», me dijo su amiga, «a menudo percibo su presencia. También se presenta en mis sueños, en los que parece estar de pie como centinela, vigilando mi corazón y mis pensamientos. Sucede así: cuando la ansiedad y la depresión se abren paso, el suicidio aflora en mi mente, y a veces digo esa palabra en voz alta. Entonces Harriet de manera calmada y sonriendo me susurra "no", y redirige mis pensamientos. No puedo expresarte lo reconfortante y tranquilizador que esto es. He estado combatiendo la depresión durante años. Harriet es de gran ayuda y lo ha sido, así parece, casi desde el instante en que murió».

Una amiga que formó parte del estudio bíblico para mujeres que Harriet impartía junto con otra instructora compartió un sueño que tuvo sobre Harriet el día de su funeral. Ella escribió en su diario:

> Creo que en mi sueño estaba preparándome para una reunión y veía a Harriet sentada a un lado. Fui a preguntarle si ella le había dicho a alguien que estaba considerando quitarse la vida antes de que lo hiciera, y ella dijo, «No». Yo dije: «Ay, Harriet», y lloré. Ella se veía hermosa y su sonrisa había regresado. En determinado momento, Harriet dijo que «estaba dándome su propósito». Al parecer, una persona puede hacer esto cuando muere.

Al día siguiente la amiga de Harriet escribió: «Anoche, antes del sueño, había estado deprimida y sintiéndome inútil. El versículo bíblico que se me vino a la mente dos o tres veces después del sueño fue: "Yo he venido para que tengan vida, y la tengan en abundancia"». La amiga de Harriet me dijo: «Fue entonces cuando relacioné el sueño. Seguramente el propósito debía referirse a la vida abundante».

Los dos sueños más informativos y sorprendentes los han tenido miembros de mi familia. Mi hija menor, Ann, me dijo que ella no había tenido sueños como los que yo tenía. Yo le dije que iba a orar por ella. Un mes después me llamó temprano en la mañana, y dijo: «Acabo de tener el sueño más hermoso con Mamá». Lo describió como un sueño lleno de amorosa motivación.

«Pero», dijo a continuación, «antes de que el sueño terminara, mi hijo entró a mi cuarto y me despertó. Lo mandé a la cocina para que tomara su desayuno, y me esforcé volver a dormirme, con la esperanza de que mamá regresara y terminara el sueño. Pero estaba demasiado angustiada como para conseguir dormirme otra vez. Empecé a sollozar y a gritar: "¡No me dejes, mamá!". En un momento el sueño regresó, y mamá me dijo: "Está bien; ya no me necesitas, además, ¡yo no controlo cuándo puedo venir!"».

Estas últimas palabras me dieron escalofríos que recorrieron mi espina dorsal. Dije: «¿Te das cuenta de la importancia de esa afirmación? Quiere decir que todos los sueños que he tenido con tu mamá han ocurrido porque Dios los permitió. Ella quiere presentarse, pero lo hace solo cuando Dios lo considera prudente o preferible. ¡Vaya! Todos los sueños que he tenido con ella han sido una dádiva de Dios». Lloré y le agradecí a Dios.

Uno de los sueños sobre Harriet más reconfortantes pero misteriosos lo tuvo mi nieta, quien en ese tiempo tenía ocho años.

Ella le narró el sueño a su mamá, quien me lo envió por correo electrónico.

> Anoche tuve un sueño en el que salía de mi cuarto y entraba a tu casa. Entré a tu cuarto y ahí vi a Mumsie (el nombre con el que sus nietos llamaban a Harriet) sentada.
>
> «¡Hola Mumsie!», le dije en voz alta.
>
> Ella extendió sus brazos hacia mí y dijo: «Ven aquí, amor».
>
> Yo me senté en sus piernas. Nos reímos y platicamos, y luego ella dijo: «Shhhh» y te señaló, Grandy. Tú estabas orando por ella. Me dijo que le gusta observarte cuando oras por ella. Así que Mumsie y yo te vimos un rato cuando orabas, y luego me desperté.

Este sueño me emocionó y me inquietó unos días. No sabía como procesar el hecho de que Harriet me observaba mientras yo oraba por ella. Las oraciones privadas rara vez son, o nunca, como las que se hacen públicamente en la iglesia. Son más informales y coloquiales, se plantean como una especie de monólogo interior. La idea de que Harriet me observara cuando yo oro me hizo sentir un poco cohibido. Si yo estaba frente al público, por así decirlo, tal vez debería pulir mis oraciones un poco, pensarlas bien con anticipación.

Pero las palabras de mi nieta parecían contradecir esta idea: «Le *gusta* observarte cuando oras por ella». Era obvio que para Harriet era un gozo observarme mientras yo oraba.

Eso me convenció para continuar mis oraciones «con todo y sus defectos», tal y como las había hecho.

Mi nuevo raudal de sueños

Conforme los sueños de Harriet continúan fluyendo, he sido diligente en registrar cada uno de ellos. Para tratar de comprenderlos mejor, los agrupo en cuatro categorías: motivación, información, romance y temor.

Los sueños que ofrecen motivación son los más frecuentes, lo cual no es sorprendente, porque la motivación es el don espiritual de Harriet. Estos sueños me motivan porque me proporcionan la certeza de la felicidad, actividad, risa y amor de Harriet. En muchos de estos sueños, le digo a Harriet que la extraño, y ella responde: «Lo sé». Y después siempre añade: «Te amo, Pete». En este tipo de sueños, Harriet y yo hemos bailado, comido, asistido a ceremonias solemnes, y simplemente hemos hablado sobre la vida cotidiana.

Los sueños informativos me enseñan algo. Una de las lecciones de Harriet, que mencioné anteriormente, fue que necesitaba seguir con mi vida. En un sueño, le dije que ella es hermosa, y ella, con seguridad y hasta con tranquilidad, me respondió: «Lo sé». No había orgullo o arrogancia en esa aseveración. Simplemente estaba afirmando un hecho obvio: Dios le había dado su belleza. Era obra de él, no de ella.

Me sorprendió enterarme de que en el cielo Harriet a menudo va a reuniones y da su testimonio. Tal vez algún día me entere con quién se reúne y comprenda el propósito de esas reuniones. A principios del verano de 2014, Harriet me dijo en un sueño que estaba ocupada pero que regresaría después. Con eso aprendí que en el cielo ella tiene tareas y horarios. En otro sueño, le dije que lo pasaba muy mal cuando veía sus fotos, y ella simplemente dijo: «Entonces no las veas». Bastante sencillo. La sabiduría del cielo parece ser similar a la lógica terrenal. En un sueño, le dije a Harriet: «Mis sueños son demasiado reales. ¿En realidad estás en ellos?». Ella contestó: «Sí, y los recuerdo tal y como tú los recuerdas, y nosotros deliberamos qué hacer con ellos».

No tengo idea de qué quiso decir o quiénes están incluidos en el «nosotros» que deliberan sobre los sueños. Sin embargo, me consuela saber que los sueños son tan importantes para ella y para el cielo como lo son para mí.

Luego se presentan los sueños románticos, muchos de los cuales francamente son muy físicos. En estos sueños, el Señor me recuerda que la intimidad conyugal apunta a nuestro deseo de comunión o conexión con él en un nivel más profundo. La intimidad conyugal siempre ha simbolizado algo espiritual. En su libro *Everything Belongs*, Richard Rohr habló de este misterio.

A menudo el simbolismo llega a ser sexual, porque es el único lenguaje adecuado para describir esta experiencia contemplativa. A menudo me he preguntado por qué Dios le daría a sus creaturas semejante fascinación fuerte y constante hacia la imagen, forma y rostro de otra persona. ¿Por qué Dios habría de tomar semejante riesgo a menos que fuera un riesgo importante? ¿Cuál es la conexión entre nuestra pasión humana y conocer a Dios? ¿Son todas las relaciones una escuela de comunión?[1]

La última categoría de mis sueños es el temor. Estos sueños basados en el temor son los menos frecuentes, pero los más perturbadores. Expresan mi temor de perder a Harriet. Ella está tan presente en estos sueños como en otros, pero cuando llego adonde ella está o le hablo, ella no responde. Es como si ella estuviera inconsciente de mi existencia o como si no le importara.

Estos sueños basados en el temor son los más difíciles de aceptar. Su significado es claro: son producto del sufrimiento. Harriet dejó esta vida física presente, aunque mi corazón todavía anhela su presencia. Cuando no puedo encontrarla en mis sueños, la sensación de desconexión me causa dolor y temor. ¿Cesarán todos mis sueños en algún momento, cortando mi conexión con ella? ¿Cómo voy a vivir con esa posibilidad espantosa? Este dilema, sin duda, es la causa subyacente de mis sueños basados en el temor.

Nunca sé cuándo se presentarán los sueños. A veces pasan semanas o meses entre ellos, y otras veces ocurren unos tras otros en rápido torrente. A menudo me pregunto si terminarán. Si llega el tiempo en el que Dios elija retener los sueños porque ya no los necesite, entonces estaré satisfecho y seguro, sabiendo que él es suficiente para todas mis necesidades y bienestar. Mientras tanto, le doy gracias por las dádivas maravillosas que él me da.

La afirmación de los sueños

Los sueños que Dios me ha dado sobre Harriet y el cielo hablan de la realidad de la vida por venir: la realidad de que nuestras vidas continúan después de la muerte. Estos sueños afirman que en el cielo conservamos nuestra personalidad y nuestros recuerdos, y que los que están del otro lado del velo nos conocen, nos aman y oran por nosotros. Están deseosos de reconectarse con nosotros. Como Hobbes, el personaje del caricaturista Bill Watterson, le dijo a Calvin una vez: «Creo que soñamos para no tener que estar separados tanto tiempo. Si estamos en nuestros sueños, podemos estar juntos todo el tiempo».[2]

Es importante recordar que los sueños solo son una herramienta que Dios usa para mostrar gracia. Y para mantener el equilibrio, las Escrituras nos advierten que no todos los sueños tienen origen divino. Eclesiastés 5.7 habla de esto: «Éste es un mundo de sueños y palabras y cosas sin sentido, pero tú debes mostrar respeto por Dios» (TLA).

Sin embargo, no puede haber duda de que muchos sueños tienen origen divino. Poco después de haber conducido a Israel fuera de Egipto, Dios les dijo a Moisés, a Aarón y a María: «Cuando un profeta del Señor se levanta entre ustedes, yo le hablo en visiones y me revelo a él en sueños» (Números 12.6).

¿Creo que todos mis sueños sobre Harriet provienen directamente de Dios, o es posible que hayan sido simplemente creados a partir de mis recuerdos y añoranzas? Tengo dos respuestas para esta pregunta, ambas afirman que en efecto mis sueños son de Dios. En primer lugar, si yo fuera el único que ha tenido sueños sobre Harriet, podría dudar al afirmar que fueron realidades objetivas. Pero en vista de que otros también han soñado con ella y han recibido información de ella, así como por las respuestas específicas a mi petición de oración, estoy seguro de que los sueños provienen de Dios. En segundo lugar, estos sueños no podrían haber sido fraguados al azar en mi subconsciente, extraídos de mis propios recuerdos, porque muchísimos de estos sueños revelan información nueva que no tenía en mi memoria.

Me encanta la obra de George MacDonald, quien escribió:

¡Tal sueño debe de poseer una verdad aun más preciosa en el corazón de su sueño!

En momentos de duda, clamo: «¿Podría Dios mismo crear cosas tan preciosas como las que soñé?».

«¿De dónde entonces provino tu sueño?», contesta Esperanza...».

Cuando un hombre sueña su propio sueño, él es el alma [centro] de su sueño; cuando Otro se lo da, ese Otro puede cumplirlo. [3]

Estos hechos, junto con mi estudio extenso de los sueños, me convencen de que mis sueños proceden del Dios soberano que nos ama y nos alienta. Así que los acepto por completo como obsequios que vienen de la mano de Dios.

¿Debería toda persona necesitada buscar respuestas de Dios a través de sueños? No necesariamente. Por supuesto, todos deberíamos buscar la sabiduría y la gracia de Dios primero en las Escrituras, pero deberíamos estar abiertos a cualquier forma que él elija para ministrarnos. Solo porque se comunicó conmigo a través de sueños no significa que esta sea la manera que él elegirá para comunicarse contigo. Sí, a lo largo de la historia él ha hablado a su pueblo a través de sueños, pero también ha hablado de muchas otras maneras. Su gracia es variada y personal.

Dios trata a cada individuo como a un ser único porque a cada uno de nosotros nos diseñó para reflejar ciertos aspectos únicos de su gloria. Como el apóstol Pablo escribió: «Porque somos hechura de Dios, creados en Cristo Jesús para buenas obras, las cuales Dios dispuso de antemano a fin de que las pongamos en práctica» (Efesios 2.10). Él te creo con cierta habilidad o propósito que nadie más comparte en el planeta. Por consiguiente, él se comunicará contigo de maneras que mejor encajen con tu propia singularidad. Y cuando puedas descansar y confiar en él con esto, tú también encontrarás gran consuelo e incluso bendición.

Empieza siempre con las Escrituras y después espera a que él te transmita sus pensamientos. Pablo nos dijo que el Espíritu Santo combina pensamientos espirituales con palabras espirituales (la Biblia). ¡Lee y reflexiona, lee y ora! Él hablará.

CAPÍTULO 8

La senda del dolor

No puedes deshacerte del dolor
porque es sólido y pesado;
un bloque de construcción.
¡Pero mira! Se ha convertido
en la piedra angular, el fundamento
sobre el cual se edifica
lo que tú llegarás a ser.

—Ann Coke

Al ver en retrospectiva los años que han pasado desde que Harriet tomó su vida, solo ahora puedo desempañar mis lentes y enfocar esta senda del dolor con claridad. He llegado a aceptar la dura realidad de que no podemos comprender la mayor parte de la vida hasta que la hemos vivido. John Claypool captó esta realidad cuando escribió: «Si acaso llegamos a tener discernimiento, no será antes, sino solo a través y después de la experiencia».[1]

En mi jornada de duelo, el discernimiento me ha saltado a la vista muchas veces. Algo así como los carteles que pasan a prisa cuando vas en tu tren a toda velocidad. Ahora, años después de la muerte de Harriet, conforme ensamblo estos pensamientos que parecen carteles, me doy cuenta de que no hay una progresión lógica para el dolor. No se mueve en dirección lineal. No tiene fronteras; inunda cada fibra del alma. No tiene estándares, pues nunca sabes en dónde te encuentras parado en esta senda oscura. Crees haber avanzado hasta cierto punto solo para volverte a encontrar en terreno que ya has pisado.

No obstante, hay algunos impactos y circunstancias comunes que toda persona en duelo enfrenta, tales como qué hacer con las pertenencias de la persona fallecida, cómo reaccionar ante los intentos de consuelo de personas que tienen buenas intenciones pero no lo hacen bien, cómo afrontar los días festivos, y así por el estilo. Pero incluso estos acontecimientos comunes son individuales. Cada pérdida tiene necesidades y circunstancias únicas.

Por lo tanto, las siguientes páginas presentan un escenario en vez de trazar una ruta a través del dolor. La senda del dolor está llena de múltiples caminos y letreros. Pero las reglas para recorrer este terreno no siguen la lógica normal de tiempo y lugar. Si eres como yo, es posible que no puedas detectar un movimiento claro de una etapa a otra, aun cuando avances por esas etapas.

Recorrer la senda del dolor no es un recorrido que eliges; es uno que te imponen. Pero está lleno de propósitos. Sin embargo, te advierto que el dolor nunca te abandona; este produce en tu alma una cicatriz permanente. El dolor aminora, aunque la sensibilidad en la cicatriz siempre permanece. Pero el camino es necesario y está lleno de propósitos. Empréndelo y serás capaz de reanudar tu vida y volverás a experimentar felicidad y gozo.

El desierto

La primera parte del dolor es una zambullida en la oscuridad. La trágica pérdida sucede, y nada vuelve a ser claro para ti. Sientes como si estuvieras caminando por el desierto en la noche. Parece como si ahí no hubiera nada, y esto es porque ya nada parece importar. Todo lo que puedes ver es lo que ya no está ahí.

En los días y semanas que siguieron a la muerte de Harriet, caminé en la oscuridad de este desierto sin tener idea de a dónde mi siguiente paso iría a parar. No había luz, y el terreno era terriblemente disparejo. Pero no me importaba. En realidad nada importaba. Solo hacía lo que tenía que hacer, lo que se requería. Escribí en mi diario: «La vida se siente demasiado forzada».

Hubo momentos de ayuda afectuosa de parte de amigos a quienes les importaba. Impregné de estos momentos mi corazón sediento, como con agua, pero la profunda oscuridad persistió, hasta que conocí a alguien que compartía la misma circunstancia. A ella también la había atrapado el suicidio de un ser querido. Ella extendió su mano, tomó la mía, y dijo: «Lo comprendo. Camina por aquí; es un poco más fácil». Ella conocía mi angustia; podía terminar mis enunciados. Tomé su mano como un niñito perdido, y no quería soltarla.

Pero debido a que ella había avanzado más que yo en la senda del dolor, solo pudo llevarme hasta un punto. Lloré cuando se fue, pero después me di cuenta de que ella tenía razón. Yo tenía que aprender a caminar solo.

Aunque mi compañera de viaje me ayudó un poco, todavía me encontraba en el desierto. Podía ver el panorama mejor, pero nada se veía agradable. Ninguna de las alegrías pasadas me daba alivio, ni mi trabajo, ni la cabaña, ni la lectura, ni mi iglesia. El hoyo era tan profundo y el dolor tan grande que ni siquiera podía apreciar a la familia o a los amigos. Pero ellos fueron pacientes, y aunque no me daba cuenta, Dios estaba trabajando conmigo tras bambalinas. Este fue un tiempo terriblemente árido.

LAS PLANICIES

Mi penoso recorrido por la arena del desierto, que mantenía mis ojos hacia abajo para ver por dónde pisaba, lentamente dio paso a planicies más firmes. El terreno parecía más sólido bajo mis pies, pero seguía siendo desolado y monótono. Pero al menos ya podía caminar en lugar de arrastrar los pies y tropezar, y podía mirar hacia delante y no hacia abajo. Empecé a reconocer sin dudar que Dios tenía el control, y que día a día me proveía lo que necesitaba para seguir avanzando. Fue en las planicies cuando Dios empezó a darme sueños sobre Harriet y otras dádivas de gracia que no podía ignorar.

La muerte de Harriet no me había despojado de la esperanza del cielo porque sabía que la muerte no era definitiva. Era un portal hacia un mundo nuevo para Harriet, lleno de vida y emocionante.

Este conocimiento me fortaleció durante muchos meses; no obstante, mi vida seguía siendo una caminata diaria en las planicies del deber, arrastrando los pies hacia delante, uno frente al otro. Podía levantar la vista y darme cuenta de que adelante había vida, pero eso no me animaba. Me despertaba todos los días, y no quería vivir. No quería morir; simplemente no quería vivir sin Harriet. Las planicies se veían igual en todas partes. Nada me atraía. No quería iniciar nada ni hacer planes.

Fue en esta etapa cuando mis amigos realmente ayudaron. Dios estaba obrando por medio de ellos, y apreciaba sus intentos de ayudarme, aunque ahora me doy cuenta que no lo demostré tanto como debí hacerlo. Había llegado al punto en el que mi vida parecía tan desolada que no quería nada, ni siquiera ayuda. Pero ellos persistieron y mantuvieron la esperanza de un futuro nuevo frente a mí.

Uno de estos estímulos de parte de mis amigos se presentó una tarde que yo estaba demasiado retraído y deprimido. Para mí, las tardes son el tiempo más difícil del día. Es entonces cuando mi cerebro siente su adicción de conectarse con Harriet. Esa tarde en particular, mi melancolía era tan profunda que le pedí a Dios ayuda. Casi al instante mi teléfono sonó.

«Pete, es Frank», retumbó la voz en el teléfono. «Estoy frente a tu casa. Salgamos a comer unos nachos y beber unas cervezas».

No soy muy aficionado a la cerveza, pero no iba a dejar pasar el regalo de esparcimiento y amor que Frank estaba ofreciendo. La pasamos de maravilla. Amigos como Frank y los miembros de mi familia me sostuvieron durante la mayor parte de tiempo en las planicies cuando la vida se veía tan apagada. Yo sabía que esto era la bondad de Dios que actuaba a través de ellos, y el cuidado de ellos fue invaluable para mí en esta etapa de mi dolor.

Si el desierto me forzó a aferrarme a Dios y a su Palabra, las planicies me dieron la dádiva del tiempo. Los líderes de mi iglesia me dijeron que podía decidir si quería trabajar poco o mucho. El dolor me estaba dando algo que ni siquiera advertía que necesitaba con desesperación: tiempo para leer y estudiar. Junto con la Biblia, leí muchos de los libros de la colección de Harriet. Cuando lo hice, recibí el don de la gratitud. Esto fue un estímulo enorme para sanar mi dolor.

Hasta que verdaderamente valores el pasado, nunca tendrás visión para un futuro. Una frase que recordaba haber leído en uno de los libros de Harriet se me quedó grabada en este punto: «Toda salida también es una entrada. Nunca sales de algo sin entrar a algo distinto».[2] Esta verdad me impulsó a estudiar vorazmente sobre el cielo, el nuevo hogar de Harriet. Empecé a entusiasmarme por su vida nueva, y gradualmente el panorama empezó a cambiar una vez más.

Las colinas

Un día levanté la vista y encontré que el terreno del dolor no era tan apagado y desolado como había sido antes. Mi dolor seguía ahí; algo me lo recordaba diariamente. Pero debido a los sueños, estaba más consciente de la vida nueva de Harriet en el cielo. Este conocimiento me permitió levantar la vista de la tierra y del panorama desolador del cual estaba saliendo para dirigirla a las colinas frente a mí.

El lado negativo de esto fue que también estaba más consciente de la ausencia de Harriet en la tierra. Todos los días el dolor me hacía estar consciente de lo que me faltaba cuando veía a parejas tomarse de las manos, escuchaba canciones de amor o veía escenas románticas en películas. Observaba en mis amigos casados la alegría que una vez yo había dado por hecho.

Esta conciencia aguda hizo de mi vida una montaña rusa de bajadas y subidas continuas. No obstante, Dios seguía dándome fuerzas para mi diario vivir. La muerte fue una salida para Harriet, pero también fue una entrada a algo nuevo para mí. Empecé a ver la vida de Harriet como una dádiva del amor de Dios especialmente creada y confeccionada para mí. También empecé a ver su muerte como una dádiva para ella porque mis experiencias y revelaciones recientes me permitieron ver el cielo de una manera nueva y emocionante. Al mismo tiempo, Dios me estaba mostrando que, por muy dolorosa que la muerte de Harriet fuera para mí, aun así desea mi bien. De alguna manera la muerte de Harriet estaba dispuesta para mi bien.

Dios no siempre nos da lo que queremos, pero siempre tiene en mente lo mejor para nosotros. Esta siempre ha sido su promesa. «Dios dispone todas las cosas para el bien de quienes lo aman, los que han sido llamados de acuerdo con su propósito» (Romanos 8.28). Observa las partes claves de este versículo:

1. «Dispone todas las cosas»: Esto implica un proceso. El resultado esperado no es instantáneo.
2. «Para el bien»: Esta es la meta fundamental de Dios para nosotros.
3. «Quienes lo aman»: Puedo ver el bien de Dios solo si elijo amarlo.

4. «Llamados de acuerdo con su propósito»: Él tiene un propósito para mi vida que se mantiene firme aun en las circunstancias más difíciles.

La gracia de Dios es suficiente, pero no es una anestesia. Mi lucha apaciguaba pero no terminaba. Había alcanzado las colinas, y mi dolor me estaba dirigiendo a lugares aún más elevados. El ascenso había comenzado, y sentía que una meta superior y deseable me estaba atrayendo. Esa meta, como pronto me di cuenta, era la próxima aceptación de mi nueva realidad.

Las montañas

La elevación aumenta desde las colinas y alcanzas lo alto de la montaña que surgen por encima de ellas. Lo escarpado del ascenso te obliga a tomar decisiones más difíciles. Mi primera decisión fue que quería hacer el ascenso. Perseveraría. Por su gracia, Dios había estado sosteniéndome con bendiciones continuas. Yo tenía que asimilar la verdad de que el dolor tiene un propósito. La sabiduría del doctor James Means, catedrático del Seminario de Denver, me ayudó a cristalizar esta verdad.

Cada momento de agonía es esencial o Dios no lo permitiría. Ser considerado digno de sufrimientos es ingresar en un ámbito de experiencia espiritual completamente nuevo. Mi sufrimiento se considera instrumental, no accidental, para los propósitos de un Dios amoroso.[3]

Aunque es difícil que lo entendamos completamente, Dios creó el dolor. No quiero decir que el dolor fuera parte de su creación original perfecta, pero dados los efectos trágicos y devastadores de la Caída, Dios lo insertó en la creación, en cierto modo como cuando un médico prescribe un antídoto. Dios nos dio el dolor para ayudarnos a contrarrestar los efectos de la muerte; para evitar que esta nos domine por completo. El dolor actúa como un escudo que nos protege durante las etapas fundamentales de la pérdida. Tuve que asimilar que Dios tiene el control de mi jornada de dolor de la misma manera que tuvo el control de la muerte de Harriet. Así que, en lugar de tratar de escapar del dolor, necesitaba pasar por él y aprender de él. Era una escalada difícil. Sabía que de este lado del cielo nunca acabaría de entender la muerte de Harriet, pero podía usar la intensidad y el esfuerzo excesivo de la escalada a través del dolor para fortalecerme con el tiempo.

Fue durante este ascenso más elevado cuando mi enfoque cambió. Durante las primeras etapas del panorama, el dolor me había mantenido totalmente centrado en mí mismo. No obstante, cuando reconocí este hecho y lo confesé a Dios, él empezó a mostrarme que no estaba solo.

Una noche mi amigo Rick me invitó a cenar con otros dos señores. Stephen había perdido un año antes a su esposa, Joyce, una buena amiga de Harriet. Yo no lo había contactado. Rob acababa de ingresar a su esposa en una unidad de atención integral para enfermos de Alzheimer. Ella seguía con vida, pero su vida juntos había muerto.

Este encuentro con compañeros de infortunio me mostró que mi dolor no era único. Era el destino común de seres humanos que viven en un mundo caído. No había necesidad de encerrarme en un capullo como si fuera el único que sufre una pérdida. Necesitaba salir de mí mismo. Necesitaba aceptar que la pérdida no me define. Lo que me define es cómo respondo a ella. Jerry Sittser una vez dijo: «No importa tanto lo que nos sucede *a* nosotros como lo que sucede *en* nosotros».[4]

Este fue otro momento decisivo para mí. Elegí examinar mi vida y determinar qué me quedaba y qué cosas nuevas podía ganar. Continué escalando, encontrando puntos de apoyo y salientes de los cuales asirme conforme me abría paso hacia arriba, hasta que finalmente llegué a la cima. Desde ahí, pude ver mi dolor de manera diferente. Las montañas me enseñaron que el dolor tiene un propósito, pero la vista desde aquellas cimas me mostró que tenía un largo camino de regreso. Me sentí mejor en la cima, pero también estaba confundido porque desde mi posición ventajosa, encontré con muchas opciones.

El bosque

Al bajar la montaña, te encuentras frente a una hilera de árboles. Cuando entras a un bosque, percibes aromas frescos, o escuchas sonidos nuevos, y ves árboles grandes que parecen no tener orden. No hay senderos; al menos ninguno está marcado con claridad. ¿Qué dirección conviene tomar?

Cuando entré al bosque, me sentí pequeño. No obstante, tuve una sensación de esperanza. Percibí que había recorrido la peor parte del dolor y algo mejor estaba por delante.

Cuando mi dolor empezó a disminuir, me sorprendió descubrir que lo que sentía no era alivio; era soledad. Al parecer, mi dolor se había convertido en una especie de compañero, y por muy doloroso que fuera, llenaba el espacio vacío que me dejó la ausencia de Harriet. El bosque me dejó intensamente consciente de lo solo que me encontraba. Mis oraciones empezaron a buscar maneras de cubrir este sentimiento. Pero luego Dios me recordó que hay una diferencia entre sentirse solo y estar solo. Sentirme solo me hacía mirar hacia adentro y sentirme como una víctima. Estar solo me hacía consciente de que soy un individuo que vale, y que tiene habilidades y la capacidad para avanzar. Aún más importante, entendí que Dios me creó y que siempre está conmigo. Hebreos 13.5 se convirtió en mi brújula: «Nunca te dejaré; jamás te abandonaré». Iba eligiendo solo mi camino por los árboles, pero un Dios omnipresente me guiaba.

Aun cuando estaba lleno de confusión y dudas —dos aspectos crónicos del dolor— tuve que elegir una trayectoria por el laberinto inexplorado, y empezar a caminar. En mi cerebro repiqueteaban las preguntas: *¿Qué debo hacer con mi vida ahora? ¿Cuál es mi nueva normalidad?* La idea de «nueva normalidad» no parecía muy atractiva. Me quedé mucho tiempo a la espera. Y luego esperé un poco más.

En el momento preciso Dios me llevó a un lugar de vacío, pero esto, también, tenía un propósito. Yo esperaba plenitud nueva. Quería saber qué tenía Dios destinado para mí. Es sumamente difícil esperar cuando se sufre. Mi travesía me había llevado a un lugar en el que podía ver a Dios actuar, pero el calendario de eventos no estaba bajo mi control. Yo esperaba, aunque no pasivamente.

Esperar es como el ciclo de las plantas. Yo sabía que Dios estaba obrando en mi vida, y aun cuando ver esa obra tomó tiempo, lo busqué a diario y cumplí fielmente con las responsabilidades normales de todos los días. Estas acciones fueron como si agregara fertilizante a las semillas de las siguientes instrucciones de Dios para mi vida. En su libro *God is in the Manger*, Dietrich Bonhoeffer lo resumió de esta manera: «Esperar es un arte... Sucede... de acuerdo con las leyes divinas de germinación, crecimiento y transformación».[5]

Me encanta la manera en que Eugene Peterson parafrasea Romanos 8.24-25 en *The Message*: «Esperar no nos empequeñece, así como esperar no empequeñece a una madre embarazada. En la espera nos engrandecemos. Por supuesto, no vemos qué es lo que nos está engrandeciendo. Pero cuanto más esperamos, más nos engrandecemos, y más jubilosa es nuestra expectativa». Mientras esperaba, a menudo necesitaba recordar las palabras de Jeremías a los israelitas cuando iban al exilio, lo cual sin duda fue un acontecimiento lleno de dolor. «Porque yo sé muy bien los planes que tengo para ustedes —afirma el Señor—, planes de bienestar y no de calamidad, a fin de darles un futuro y una esperanza» (Jeremías 29.11).

En la novela *Sophia House* de Michael O'Brien, el principal personaje, Pawel, tiene una conversación imaginaria con Dios en la que le platica sobre sus sentimientos más profundos y luego demanda que Dios le hable. Aquí tienes el diálogo que O'Brien presentó:

«Estoy solo», dijo furioso. «¿Por qué estoy solo?».

Tú te sientes solo, hijo.

«¿Soy un hijo? No me siento como hijo».

Eres un hijo.

La amargura se convirtió en vehemencia. «¡Yo no tengo padre!», grito enojado.

Tienes padre.

«¿Dónde está mi padre? El lugar donde debería estar está vacío».

El vacío es un lugar de espera.

«He esperado toda mi vida».

Un poco más y serás saciado.

«Voy a esperar y nadie vendrá».

Todo viene en camino.

«No lo creo. La felicidad es para otros. No para mí».

Los que creen estar saciados no pueden recibir. Tú puedes recibir.

«Estoy saciándome, saciándome, saciándome... de dolor. Eso es todo, solo dolor».

Después de un vacío prolongado, la saciedad se siente como dolor.[6]

Cuando estamos esperando, O'Brien nos recuerda, Dios está ahí para llenarnos una vez que estemos vacíos. Jesús dijo que una semilla no puede dar fruto si no cae en tierra y muere (Juan 12.24). Cuando estaba en el bosque, recordé algunas cosas de las que debía deshacerme en mi vida antes de quedar vacío.

- El descontento por mi soltería
- La postergación de acciones; esperar que otros me sacien
- El miedo a lo desconocido
- La falta de gozo

Esto de quedar vacío fue como una rehabilitación emocional. Significaba permitirle a Dios quedarse con todos mis temores. La persona que yo había sido con Harriet era irrecuperable, pero una vez que resolví ese asunto con Dios, la persona en la que podría convertirme era una gran historia aun por revelarse. Mientras serpenteaba entre los árboles, Dios me dio más confianza y esperanza sobre lo que estaba por venir. Cuando le dije que me daba miedo soltar a Harriet, él me recordó que no estaba renunciando a ella; estaba entregándosela a él para que la cuidara.

Hay grandes posibilidades en el bosque. Cada sendero que enfrentaba significaba una decisión nueva que tomar, y cada decisión nueva me acercaba más a la dádiva de Dios que estaba esperándome. Mi decisión de soltar el pasado me ayudó a encontrar senderos nuevos que no habían estado visibles antes. Supe que esto era verdad cuando decidí hacer planes para el futuro. Planes para ir a pescar. Planes para llevar a mi familia a distintos lugares. Planes para llevar un grupo de mi iglesia a Israel. Admito que hice estas cosas con menos entusiasmo que en el pasado, pero cuanto más se acercaba cada actividad, más aumentaban mis expectativas. Los pasos decisivos son terapia positiva.

El bosque es escalofriante, y algunos de los senderos son formidables. Pero mi sentido de esperanza progresiva me dio una dirección e hizo mis pasos más seguros. Es fácil perderse en el bosque. Hay demasiadas veredas que no llevan a ningún lado, pero confiaba en que Dios me guiaría.

> Aun si voy por valles tenebrosos,
>> no temo peligro alguno
>> porque tú estás a mi lado;
>> tu vara de pastor me reconforta. (Salmos 23.4)

LAS PRADERAS

Por fin salí del bosque para emerger en las praderas. Aquí me encuentro ahora. Las praderas son lugares de mayor gozo. En la senda del dolor empieza a aparecer una belleza nueva. No quiero decir que la luz del sol y las flores sean permanentes. Al principio, el bosque da paso a praderas pequeñas. Aquí he encontrado terrenos de luz del sol ininterrumpida y zonas de flores silvestres que aumentan los momentos de felicidad. Todavía me rodea el bosque, no obstante, estos espacios abiertos continúan siendo puertas de sorpresa.

La vida y la muerte de Harriet han bendecido a muchas personas. Las cartas que he recibido me han llenado de alegría como la de las praderas. Mi sinceridad absoluta sobre mis sufrimientos ha traído esperanza a muchas personas en medio de su propio sufrimiento.

Mis conocimientos sobre el cielo han motivado a muchas personas que sufren y agonizan. Mi voz nueva me capacita para hablar con profundidad en funerales y enfatizar mis propios momentos de dolor a fin de inspirar esperanza en otros. Todas estas bendiciones son parajes brillantes que se sienten como praderas soleadas.

Sin embargo, a veces me asusta vivir en las praderas porque aquí hay mucha alegría y libertad. Es una libertad nueva y desconocida, una sin Harriet. El pensamiento *¿en realidad puedo disfrutar esto?* a menudo se cuela en mi mente, como si permitirme ser feliz sin ella fuera algo deshonroso.

El dolor tiene una sensación extraña, cálida, como la del vientre materno, parecida a una cobija que da seguridad; no obstante, cuando creces se convierte en algo que te restringe. Dios quiere que nos liberemos de esos límites autoimpuestos. Quiere que corramos alegremente por las praderas que él nos proporciona. El apóstol Pablo escribió: «Cristo nos libertó para que vivamos en libertad» (Gálatas 5.1). Dios quiere que elijamos el amor, amar a otros y volver a amar. Amar es encontrar gozo.

En su libro *Recibir la gracia escondida*, Jerry Sittser enmarcó el reto de esta libertad:

> El problema de elegir volver a amar es que la decisión de amar significa vivir bajo la amenaza constante de una pérdida futura. Pero el problema de elegir no amar es que la decisión de mantenerse al margen del amor significa poner en peligro el alma, puesto que el alma prospera en un ambiente de amor. Las personas llenas de sentimiento aman; las personas frías, no. Si las personas quieren que sus almas crezcan a través de la pérdida, cualquiera que sea la pérdida, tarde o temprano deben decidir amar aun más profundamente que antes. [7]

El horizonte como un todo

Continúo viajando por la senda del dolor porque no hay un camino derecho e ininterrumpido que lo atraviese. El dolor puede aparecer en cualquier momento. Pero esta es la diferencia: ahora puedo ver el horizonte completo. Tengo una vista panorámica del horizonte. Puedo ver cada etapa de mi jornada de dolor y sé que cada parte tiene un propósito y una razón. Y cuando puedo comparar el todo con las porciones de dolor momentáneo que he padecido y que en ocasiones me visitan, me aferro a lo que Pablo se refirió cuando dijo:

> Por tanto, no nos desanimamos. Al contrario, aunque por fuera nos vamos desgastando, por dentro nos vamos renovando día tras día. Pues los sufrimientos ligeros y efímeros que ahora padecemos producen una gloria eterna que vale muchísimo más que todo sufrimiento. Así que no nos fijamos en lo visible, sino en lo invisible, ya que lo que se ve es pasajero, mientras que lo que no se ve es eterno. (2 Corintios 4.16-18)

Me gustaría compartir doce lecciones que he aprendido, las cuales han hecho que el dolor sea más soportable para mí. Son mis compañeros de lucha y te las ofrezco como consejos.

1. Cuéntale todo a Dios: bueno, malo, atemorizante o feo. Él me dio la perspectiva de todo esto. Es lo valioso de la oración.

2. Escribe las cosas para favorecer que los pensamientos y sentimientos ambiguos se hagan claros, porque el dolor crea mucha confusión. Escribe un diario. Esto te conduce a la claridad.

3. Acepta que el dolor tiene un propósito. Me relajé más en el proceso cuando alcancé este punto de referencia. Esto crea esperanza.

4. Date cuenta de que el dolor no es permanente. Dios todavía tiene un plan para tu felicidad. Esto proporciona perspectiva.

5. Ayuda a las personas a ayudarte diciéndoles por qué orar. No siempre vas a saber cómo te sientes o qué necesitas, ¡y está bien admitirlo! Esto es sinceridad.

6. Las Escrituras sanan el alma. Léelas a diario. Las palabras de Dios son las mejores palabras. Esto fortalece.

7. Reflexiona sobre el tiempo que pasaste con la persona que perdiste y da gracias a Dios por todo lo que esa persona hizo por ti. Esto te ayuda a soltar. Confiesa tus faltas y también piensa en las de tu ser querido. Esto te limpia.

8. Cuando estés listo, toma un taller de manejo de pérdidas. Esto te ayuda en la práctica. Esto es sabio.

9. Comenta con tu familia en qué etapa de dolor te encuentras y diles que no necesitas sus consejos, solo su amor. Esto establece límites saludables.

10. Lee a los grandes santos de la historia que han sufrido y vivido para contarlo. Esto te hace parte de la comunidad de la fe y de su peregrinaje continuo.

11. Sé proactivo con tus amigos. No esperes a que ellos actúen. Conforme pasa el tiempo, ellos hablarán cada vez menos de tu pérdida, y esto es natural y saludable. Esto es aceptación.

12. Construye tu vida nueva de manera proactiva. Esta no se presentará automáticamente. Primero ora, y luego puedes hacer cualquier cosa que agrade a Dios. Esto es bueno.

Cuanto más vivo, más aprendo; así que esta lista continuará creciendo. Otros que han pisado el mismo sendero pueden añadir cientos de pautas, porque el cuidado de Dios es vasto, profundo y está hecho a la medida del dolor particular de cada persona.

CAPÍTULO 9

DE QUÉ MANERA LA
MUERTE CAMBIÓ MI
MANERA DE VIVIR

Me has hecho pasar por muchos infortunios,
pero volverás a darme vida;
de las profundidades de la tierra
volverás a levantarme.
Acrecentarás mi honor
y volverás a consolarme.

—SALMOS 71.20-21

Estos días, cuando las personas me preguntan: «Pete, ¿cómo te va?», honestamente puedo responder: «Dios ha sido bueno conmigo. Me ha sostenido durante la parte más oscura del dolor. Él terminó con mi búsqueda de *¿por qué?*, la convirtió en *¿qué* *sigue?*, y me dio una perspectiva fresca del cielo que es el terreno firme en el cual estoy esperando mi futuro con ilusión».

Por favor no me malinterpretes; no estoy diciendo que ahora mi vida sea maravillosa. Después de todo, soy un simple mortal con un corazón quebrantado. El dolor del sufrimiento persistente es mi nueva realidad mientras permanezca en la tierra. Pero aquí está la bendición de esta realidad: aunque no puedo manejar cada recordatorio desgarrador de mi antigua vida con Harriet, el dolor de su ausencia me ha dado algo así como una visión de rayos X. Veo con otros ojos, unos que rápidamente reconocen la angustia en los demás. Y sé que debido a mis experiencias y a las lecciones que he aprendido sobre el cielo, Dios puede usarme para ayudar a quienes estén batallando con una pérdida; y están por todas partes.

Mis angustias están siendo transformadas de piedras de tropiezo a bloques de construcción cuando cuento mi historia con sinceridad a quienes han tenido que decir «hasta pronto» a sus seres queridos. Esto se ha vuelto parte de mi nueva realidad, y me complace saber que Dios puede usar mi dolor para bendecir a otros que estén batallando para comprender su dolor. Aquí tienes solo algunas de las notas que he recibido como resultado de este ministerio nuevo que no busqué y Dios me dio.

> Solo quise dejarte una nota de agradecimiento por ser tan abierto y franco con nosotros anoche; desde luego que no estás obligado a hacerlo. Al platicarnos por lo que has estado pasando, demostraste lo absolutamente real que Yahvé es para ti, y lo firmemente arraigado que estás en Cristo.
>
> Un diácono nuevo

Mi abuelita falleció el año pasado, y encontré muchísimo consuelo en la sabiduría y en las historias que compartiste con nosotros.

Un alumno joven

Escuchar lo que dijiste sobre la sinceridad en la oración cambió la forma en que me comunico y veo mi relación personal por medio de la oración.

Un alumno joven

Alabo a Dios por el testimonio que compartiste sobre cómo él ha sido tan fiel contigo en estas promesas. Esto me dio esperanza y me motivó a confiar más en él.

Un alumno joven

Gracias por ser tan genuino y transparente respecto a tu dolor, sufrimiento y sanidad de estos últimos años. Solo espero algún día tener hacia mi [futura] esposa la misma clase de sentimientos y devoción que tú le sigues teniendo a la tuya.

Un trabajador joven

Comentarios como estos han hecho que me dé cuenta de que la gente se identifica mucho más fácilmente con mi sufrimiento y debilidades que con mis fortalezas y éxitos. Esto me ha enseñado que cuando declaro mi dolor, argumento sobre él o incluso escribo sobre él, entonces puedo orar por él y comunicarlo. Ahora no le tengo tanto miedo al dolor porque he experimentado cómo la piedra de tropiezo del dolor puede convertirse en la piedra angular de la motivación.

La fe confirmada

Mis experiencias no han reemplazado ni resuelto mi búsqueda de paz y sosiego; más bien, mi fe se ha confirmado en el Dios que me dio estas experiencias. Él es el mismo Dios que permitió que su Hijo sufriera. Aunque la intensidad disminuye con el tiempo, las emociones exaltadas son naturalmente un aspecto esencial de encuentros tan profundos. Cuando el hermano de Harriet murió, a ella le preocupó que después de un tiempo la gente dejara de hablar de él. Me sentí de la misma manera después de la muerte de Harriet. En estos días ya no hablan tanto de ella a menos que yo la mencione en alguna conversación. Pero aprendí que esto es normal. Una amiga lo resumió de esta manera: «La vida es para los que están vivos». Yo lo corregiría y diría que la vida *se trata de* los que están vivos.

Así que aprendí a vivir en el presente, no en el pasado. Me consuela saber que el pasado no está perdido en el plan de Dios. El cielo evaluará y recompensará todo lo que hayamos hecho en la tierra. Dios nos insta a mantenernos «firmes e inconmovibles, progresando siempre en la obra del Señor, consciente de que su [nuestro] trabajo en el Señor no es en vano» (1 Corintios 15.58).

También aprendí a poner el pasado en manos de Dios. No fue una lección fácil, pero ha probado ser una lección vital para mi salud espiritual, emocional y mental. Con una mentalidad similar,

David Ray escribió su poema «Thanks, Robert Frost», sobre el laureado poeta estadounidense.

> ¿Tienes esperanza para el futuro?
> Alguien preguntó a Robert Frost casi al final.
> «Sí, y aun para el pasado», respondió,
> «Que resultará haber sido muy bueno.
> Por lo que fue, algo que podamos aceptar,
> Errores cometidos por los seres que teníamos que ser,
> No pudimos ser, quizás, lo que deseábamos ser,
> O lo que mirando hacia atrás la mitad del tiempo parece que
> fácilmente podríamos o debíamos haber sido...
> Por el futuro, sí, y aun por el pasado,
> Que se convertirá en algo que podamos soportar».[1]

Nada se desaprovecha en el plan y en la providencia de Dios. Todos nuestros errores se convertirán en partes integrales de los mejores diseños del tapiz de nuestra vida. Todas las cosas nos ayudarán a bien.

La sabiduría que encontré al estudiar las Escrituras me ha ayudado a ver la vida, la muerte y el cielo de manera completamente distinta. Y las lecciones que he aprendido, tanto por mis experiencias personales como por leer muchos autores cristianos, reforzaron estos puntos de vista.

Esto es lo que sé con seguridad:

1. La muerte no es el fin; es una puerta hacia una vida superior, mejor.

2. El cielo es más espléndido de lo que jamás vez imaginé.

3. La realidad de la vida mejor que algún día nos espera a mí y a todos los creyentes es lo que me ayuda a llevar mi luto con esperanza y certeza.

4. La resurrección de Cristo es absolutamente cierta, y ahora para mí es más valiosa y real que nunca.

Desde la muerte de Harriet, he aprendido a aceptar los misterios porque sé que hay significado detrás de ellos. Solo porque no comprenda todo lo que está sucediendo en este momento, no significa que no tenga propósito o valor. Mi confianza en el cielo, la cual Dios me dio, ha aumentado mi creencia de que mi Harriet no solo está bien; ¡está floreciendo! Y algún día, yo, también, floreceré en el cielo.

Ver el cielo a través de la óptica de los hechos bíblicos me permitió hacer deducciones lógicas que me han ayudado a mantenerme firme, aun cuando mi dolor estuviera en su punto más intenso. Además, escritores como Francis Schaeffer y Randy Alcorn me proporcionaron el gozo de usar mi imaginación cuando pienso en el cielo. ¿Acaso el apóstol Pablo no nos llevó también en esa dirección?

Al que puede hacer muchísimo más que todo lo que podamos imaginarnos o pedir, por el poder que obra eficazmente en nosotros... (Efesios 3.20).

«Ningún ojo ha visto,
   ningún oído ha escuchado,

ninguna mente humana ha concebido

lo que Dios ha preparado para quienes lo aman».

(1 Corintios 2.9)

Pablo lo planteó de esta manera cuando oró por la iglesia de los efesios: «Pido también que les sean iluminados los ojos del corazón para que sepan a qué esperanza él los ha llamado, cuál es la riqueza de su gloriosa herencia entre los santos» (Efesios 1.18).

Francis Schaeffer hizo eco de la afirmación de Pablo de considerar la imaginación como un medio de percibir la verdad cuando escribió: «El cristiano es el verdadero hombre libre; es libre de tener imaginación. Esto también es nuestra herencia. El cristiano es la persona cuya imaginación debería volar más allá de las estrellas».[2]

DE REGRESO A LA TIERRA

Por mucho que me fascine pensar en el cielo y soñar con reunirme con Harriet, recurro a la disciplina para obligarme a regresar a la tierra. ¿Por qué es esto tan importante? Porque estos últimos años me han enseñado que el cielo está mucho más enfocado en la tierra de lo que la tierra está enfocada en el cielo. Esta verdad ha hecho que el valor de la vida en el presente sea más intenso y significativo.

Lo que hacemos aquí en la tierra es muy importante para Dios. Génesis 1.28 nos enseña que él nos creó para que fuéramos sus agentes, sus representantes en la tierra: «y [nos] bendijo con estas palabras: "Sean fructíferos y multiplíquense; llenen la tierra y sométanla; dominen a los peces del mar y a las aves del cielo, y a todos los reptiles que se arrastran por el suelo"». Dios nos ha honrado con la gran responsabilidad de cuidar su tierra, moldeándola y usando nuestros dones para fomentar su gloria en ella. Desde la caída del hombre en el Edén, a menudo hemos llevado a cabo este deber de manera mediocre, obstaculizados por tener que esforzarnos para avanzar por el pantano del pecado que ahora es parte de nuestro entorno.

Pero el sacrificio expiatorio de Jesús puso un fundamento sólido para que nosotros edifiquemos nuestra obra sobre él. Esta obra incluye extender su reino por toda la tierra, manifestar fe, ministrar a los que sufren, y usar nuestros dones con generosidad para beneficiar a otros. El edificio que construimos en el fundamento de Cristo es de importancia trascendental para Dios. No solo va a ser cuidadosamente revisado, sino también será recompensado.

> ...porque nadie puede poner un fundamento diferente del que ya está puesto, que es Jesucristo. Si alguien construye sobre este fundamento, ya sea con oro, plata y piedras preciosas, o con madera, heno y paja, su obra se mostrará tal cual es, pues el día del juicio la dejará al descubierto. El fuego la dará a conocer, y pondrá a prueba la calidad del trabajo de cada uno. Si lo que alguien ha construido permanece, recibirá su recompensa...
> (1 Corintios 3.11-14)

La vida en la tierra toma mayor importancia cuando se comprende a la luz de los propósitos y planes de Dios. Mientras estemos aquí, debemos abrazar oportunidades que glorifiquen y agraden a Dios. Al Señor le complace ver que vivimos por fe y tomamos con seriedad nuestras responsabilidades como sus amados agentes en la tierra.

La vida de fe está integrada a los planes de Dios. Santiago nos dice que la fe en Dios produce nuestro deseo de trabajar en el reino de Dios: «La fe por sí sola, si no tiene obras, está muerta» (2.17). Estoy aprendiendo a ser más agradecido por lo que se me ha dado y más generoso con ello, así como más valiente para hablar de todo esto.

> A los ricos de este mundo, mándales [...] que hagan el bien, que sean ricos en buenas obras, y generosos, dispuestos a compartir lo que tienen. De este modo atesorarán para sí un seguro caudal para el futuro y obtendrán la vida verdadera.
> (1 Timoteo 6.17-19)

Ver la vida, la muerte y el dolor con ojos nuevos me ha dado la posibilidad de conocer a Dios en un nivel más profundo de lo que alguna vez soñé posible. Cuanto más dolor sentía, él más se revelaba. Descubrí que el propósito del dolor que sentía no era permitirme saber lo fuerte que yo era; era para poder descubrir lo fuerte que él es.

También aprendí lo sumamente importante que es la iglesia. Mi congregación me abrazó con su amor. Además de las visitas, llamadas y cartas a lo largo de los últimos años, sus oraciones me sostuvieron. Puede sonar extraño decir que sentía esas oraciones, pero así era. Me sentía transportado en una ola de una delicada conciencia de Dios. La sensación constante de su presencia, su compasión y su respuesta a casi toda necesidad fue mucho más allá que cualquier cosa que alguna vez haya experimentado. Sinceramente creo que toda la compasión que recibí del cielo se produjo a causa de esas oraciones. En el régimen de Dios, no existe algo así como una oración pequeña. Toda oración es un gran testimonio de fe y de amor, y cada una de ellas queda registrada en el cielo. Si debemos dar cuenta de cada «palabra ociosa» que decimos (Mateo 12.36), entonces seguramente recibiremos bendición por cada palabra voluntaria que decimos en nuestras oraciones por otros.

Un beneficio colateral de mi jornada de dolor ha sido el torrente de aprecio por el amor y la obra de Harriet en la tierra. De acuerdo, cuando una persona muere, tendemos a recordar lo mejor, y no tengo la intención de mitificar a mi esposa. Ella tuvo su cuota de imperfecciones. A menudo estaba ansiosa, deprimida y débil. Pero aquí es donde la gracia nos alcanza de manera óptima. Dios quiere que comprendamos que su fortaleza es suficiente para sostenernos a pesar de nuestras debilidades: «Te basta con mi gracia, pues mi poder se perfecciona en la debilidad» (2 Corintios 12.9). Harriet lo sabía. De hecho, una vez le dijo a una amiga: «Los vacíos que por nuestros errores creamos en la vida de nuestros hijos crean una necesidad de Dios. Si nosotros fuéramos perfectos, entonces ellos no sabrían que necesitan a Dios».

Apropiarme de esta verdad profunda me ha ayudado a darme cuenta de cuánto pueden influir los creyentes en la vida de los demás. Todo lo que hacemos en la tierra es importante a los ojos de Dios porque estamos hechos a su imagen. Por cada una de nuestras acciones, o empañamos esa imagen o la glorificamos. Cada fragmento de esta vida que glorifica a Dios señala la existencia de algo mayor que está por encima de la vida que aquí experimentamos.

Una nota de agradecimiento que encontré entre los recuerdos de Harriet es un legado que muestra cómo su vida reflejaba la imagen de Dios y declaraba su gloria.

> Harriet, por la atención y el apoyo que me diste, oro para que Dios lo multiplique en tus nietos espirituales, y que te anime saber, de este lado del cielo, que los esfuerzos que haces para el reino del Señor ¡llevan frutos perdurables!

Otra amiga encontró las palabras perfectas tanto para consolarme como para señalar el legado de amor que vincula a Harriet con su vida nueva en el cielo.

> Pete, Harriet se define por su vida, y no por la oscuridad de sus últimos momentos de desesperación. La profundidad del dolor que todos sentimos hoy es prueba de que Harriet nos importaba profundamente. Su legado nunca terminará, Pete. Esto es un consuelo limitado, pero sin duda, ¡todos nosotros la extrañamos muchísimo!

Randy Alcorn, un profeta contemporáneo, explicó con gran claridad la importancia de cultivar nuestro amor por el cielo.

> El deseo es una señal que apunta al cielo. Cada anhelo de tener mejor salud es un anhelo de los cuerpos perfectos que tendremos en la Tierra Nueva. Cada anhelo de idilio es un anhelo del

idilio supremo con Cristo. Toda sed de belleza es sed de Cristo. Cada vez que sentimos gozo no es sino anticipo de un gozo mayor y más vibrante que el que ahora podemos encontrar en la tierra.

La vida en la tierra importa, no porque sea la única vida que tenemos, sino precisamente porque no lo es. Es el comienzo de una vida que continuará sin fin en una tierra renovada.[3]

La muerte de mi esposa ha cambiado por completo mi perspectiva sobre la vida. Ahora puedo decir honestamente, y lo digo con sinceridad, lo que Pablo quiso decir cuando escribió: «Porque para mí el vivir es Cristo y el morir es ganancia» (Filipenses 1.21). Sigo siendo pecador; no obstante, mi muerte futura es algo tan positivo como mi vida actual. Estoy deseoso de llegar al cielo y estaré firme en la verdad de Dios hasta que llegue ahí. Sin duda soy una prueba viviente de aquellas palabras profundas dichas por el sacerdote de la película *Supermán: El hombre de acero*: «A veces primero tienes que dar un salto de fe. La confianza viene después».[4]

Y la confianza llegó. ¡Alabado sea Dios! Mi historia no sería posible sin su sacrificio por mí o sin la fuerza que él me proporciona para mi ardua jornada.

> El Señor es el Dios eterno,
>> creador de los confines de la tierra.
> No se cansa ni se fatiga,
>> y su inteligencia es insondable.
> él fortalece al cansado
>> y acrecienta las fuerzas del débil.

[...]
pero los que confían en el Señor
    renovarán sus fuerzas;
volarán como las águilas:
    correrán y no se fatigarán,
    caminarán y no se cansarán. (Isaías 40.28-31)

En ocasiones, Dios me ha levantado y me ha elevado con alas sobrenaturales. En otras ocasiones, me ha fortalecido para correr la carrera con poder. No obstante, la mayor parte del tiempo, él simplemente ha caminado conmigo y ha impedido que me agote; cansado, sí, pero no agotado.

¡Gracias, Padre! ¡Gracias, Jesús! ¡Gracias, Espíritu Santo! Has hecho todo lo que prometiste, y mucho más.

TERCERA PARTE

LO QUE NECESITA SABER TODA PERSONA QUE BUSCA

CAPÍTULO 10

CUANDO SUBÍ POR LA
ESCALERA DE LA VERDAD

*No es por pensar que somos justos la razón por la
que dejamos de temer. Es por simplemente amar y
abandonarnos a Aquel a quien amamos sin regresar
a nuestro yo. Esto es lo que hace a la muerte dulce y
preciosa. Cuando estamos muertos a nosotros mismos, la
muerte del cuerpo solo es la consumación de la obra de la
gracia.*

—FRANCIS FENELON, «SOBRE LA MUERTE»

Dios me proporcionó una manera de salir del abismo del dolor
por medio de una escalera, muy parecida a la escalera que
alcanzaba el cielo del sueño de Jacob. Yo la llamo la «Escalera de la
verdad», un instrumento con siete peldaños críticos que me levantó y me llevó de la oscuridad hacia la luz del cielo. Dios proporcionó el medio, pero de mí dependía realizar el ascenso. El valor para
empezar mi ascenso lo obtuve de la paz que Dios me había dado

previamente respecto a la muerte de Harriet. Él asume la responsabilidad por la muerte de Harriet, y tiene un propósito para ella en el cual yo puedo descansar (Éxodo 4.11; Job 42.11). Dios guió mi corazón dolorido a la Escalera de la verdad. Alentado por la fe en esa verdad, subí el primer peldaño y empecé mi ascenso.

Peldaño uno: La soberanía de Dios

Dios inició mi ascenso con una pregunta: *Pete, ¿soy soberano?* Esta pregunta es profundamente importante, y todos debemos contestarla.

Cuando me sumergí en el desamparo después de la pérdida de Harriet, mi creencia en la soberanía de Dios fue seriamente probada. *¿Cómo puede ser este el plan de Dios?*, me preguntaba. *Harriet era mi compañía diaria y mi confidente íntima, y había sido arrancada de mi vida. ¿Tiene Dios el control?* Me hacía estas preguntas una y otra vez.

Aun cuando mis nervios punzantes gritaban lo contrario, tenía que responder: *Sí, Dios tiene el control.* No fundamenté esta confianza en mis sentimientos que estaban en carne viva y heridos, y dispuestos a arremeter contra Dios por permitir que esto me pasara. Fundamenté mi creencia de la soberanía de Dios en lo que ya conocía sobre él antes de que Harriet muriera. Este conocimiento de la soberanía absoluta e inquebrantable de Dios es el primer peldaño de la Escalera de la Verdad.

El primer peldaño de una escalera es el más importante. Antes de que puedas empezar a subir, debes creer que una escalera va a soportar tu peso. Decides confiar en su fuerza elemental exclusivamente con ese fundamento. Creer y actuar sobre la fe en mi convicción de que Dios es soberano y tiene el control total me dio el valor, la confianza y la estabilidad esenciales para empezar a ascender a fin de salir del abismo del dolor.

Jesús nos recuerda en Mateo 19.26: «Para Dios todo es posible». Y Pablo añadió: «Dios dispone todas las cosas para el bien de quienes lo aman, los que han sido llamados de acuerdo con su propósito» (Romanos 8.28). Estos principios bíblicos relacionados con la soberanía de Dios son verdades sólidas en las que yo sabía que podía confiar, aun cuando el peso de mi dolor era considerable. Creía firmemente que Dios podía usar la muerte de Harriet y mi dolor resultante, y lo haría de acuerdo con sus propósitos. ¿Cómo? No tenía idea, pero sabía que él podía hacerlo.

Decidí poner todo el peso de mi dolor en ese peldaño y pararme en él con ambos pies. Mi confianza en la soberanía de Dios no descansó en mi comprensión de ella; más bien, mi comprensión, débil o nula como era, descansó en el hecho de que Dios *nunca* pierde el control.

PELDAÑO DOS: LA BONDAD DE DIOS

Para subir la Escalera de la Verdad tienes que seguir avanzando con fe. Cuando estaba en ese primer peldaño, Dios me hizo una segunda pregunta: *Pete, ¿soy bueno?*

¿Es Dios bueno? Esta pregunta era mucho más difícil de contestar; dolorosa, en realidad, considerando el suicidio de Harriet.

Le estuve dando vueltas mucho más tiempo del que tomé en la primera pregunta. Si Dios es bueno, entonces, ¿por qué me sucedió esta terrible pérdida? ¿En realidad él quiere mi bien?

La pregunta «¿Dios es bueno?» requiere otra pregunta: ¿Qué significa bueno en realidad? ¿Significa lo mismo para mí que para Dios? Al parecer no, porque, para mí, la idea de bueno implicaba que nunca debí haber sido privado de Harriet. Pero si Dios es verdaderamente bueno, y permitió que ocurriera la pérdida, entonces ser bueno tiene que significar para él algo que no entiendo.

Algunos teólogos dicen que el significado de bueno puede entenderse como «digno de aprobación». El teólogo Wayne Grudem, el autor de *Teología sistemática,* hace una pregunta más apropiada: «En última instancia, por consiguiente, el ser y las acciones de Dios son perfectamente dignos de su propia aprobación. Él es, por consiguiente, la norma suprema del bien».[1]

Jesús implicó esta verdad profunda en Marcos 10.18 cuando dijo: «Nadie es bueno excepto Dios». Si Dios es bueno —de hecho, el único estándar de ser bueno— entonces debe de resultar algo bueno de la muerte de Harriet, mucho mayor que lo bueno (como yo lo percibía) de conservarla como compañera. Darme cuenta de esta realidad cambió mi pregunta de por qué a qué. ¿Qué cosa buena podría estar haciendo Dios con mi pérdida dolorosa? ¿Podría Dios disponer la muerte de Harriet para algo bueno, como él afirma que puede hacer?

Entonces la pregunta ya no era *por qué.* Yo sabía que no podía mirar hacia el futuro para responder por qué sucedió eso tan terrible. Solo podía mirar hacia atrás en el tiempo para el qué. Podía ver ejemplos de las cosas buenas que Dios me había dado en el pasado. Y en mi espejo retrovisor, su bondad era innegable.

Tenía que responder sin reservas: «¡Sí Dios, tú eres bueno!». Él me encontró cuando yo era estudiante de primer año en la Universidad de Texas. Me dio una esposa que quería estar en el ministerio conmigo. Nos dio dos hijas hermosas que aman al Señor. Me ha dado oportunidades increíbles de enseñar por todo el mundo. La bondad de Dios hacia mí se refleja en Salmos 31.19: «Cuán grande es tu bondad, que atesoras para los que te temen, y que a la vista de la gente derramas sobre los que en ti se refugian».

Sí, en mi vida habían sucedido cosas dolorosas en las que, en el momento, no podía ver nada bueno. Pero a veces el dolor es necesario para provocar cosas buenas. Quitar una espina de tu pie puede ser extremadamente doloroso, pero debe quitarse por el bien de tu pie, y para restaurar la salud.

Con estas dos preguntas esenciales contestadas, estaba parado en el peldaño de la soberanía de Dios y sujetando el peldaño de la bondad de Dios: dos peldaños de verdades bíblicas sólidas. Ya no estaba mirando hacia el pozo de mi pérdida sino contemplando el cielo con esperanza, muy parecido a lo que Jacob había hecho en su sueño en Génesis 28. En mí surgió la fuerza que me había faltado desde la muerte de Harriet. Era la misma fuerza que obtuvo Abraham cuando preguntó en Génesis 18.25: «¡Lejos de ti el hacer tal cosa! [...] Tú, que eres el Juez de toda la tierra, ¿no harás justicia?». ¿La respuesta? «¡Definitivamente!».

Sabía que Dios me estaba diciendo: *Tú sabes que soy soberano, Pete. Sabes que soy bueno. Ahora confía en mí con lo que no comprendes. ¡Todavía no he terminado!*

Encaramado en la Escalera de la Verdad entre el abismo oscuro del dolor y la realidad del cielo llena de luz, estaba sujetándome a Dios con dos percepciones confirmadas: Dios tiene el control absoluto y Dios es bueno.

Recordé una oración que Harriet había marcado en un pasaje de John Claypool: «Lo peor no es lo último».[2] Incluso en el peor de los males, la muerte no tiene la última palabra. La muerte no es el final; solo que así nos parece a quienes todavía estamos en la tierra. Me fascina la manera en que el Dr. James Means explicó esta verdad en su libro *A Tearful Celebration*:

> Él supervisa todos los acontecimientos de mi vida de modo que sus propósitos puedan realizarse. Por su gracia, esta supervisión incluye hasta los acontecimientos desagradables para mí, pero esenciales para su plan. Por consiguiente, considero que Dios es el principal responsable de mi dolor porque él es soberano y permitió que el cáncer resultara fatal.[3]

Tener a Harriet como mi compañera y mi confidente más íntima fue excepcionalmente bueno; no obstante, no me di cuenta de cuán bendecido era, hasta que me sujeté del siguiente peldaño de la Escalera de la Verdad.

Peldaño tres: Gratitud

El tercer peldaño de una escalera es el que te levanta al lugar en el que empiezas a ver las cosas desde un nivel más elevado. Es el peldaño que te da una perspectiva completamente diferente. Me sorprendió un poco cuando descubrí que en la Escalera de la Verdad, este transformador de perspectiva es el peldaño de la gratitud.

John Claypool sufrió la muerte de su hija de diez años, Laura, y cómo hacerle frente a esa trágica pérdida se convirtió en el tema de algunos de sus libros. Devoré esos libros que estaban en la estantería de Harriet porque el dolor de Claypool resonaba en mí. Y en ellos encontré la bendición que me colocó en el tercer peldaño de la escalera. Claypool me ayudó a ver el valor de la gratitud.

Al escribir después de la muerte de su hija, Claypool dijo esto:

Tengo dos opciones: puedo obsesionarme con el hecho de que ella me fue arrebatada, y desmoronarme con la pena de que todo esto se fue para siempre. O, enfocándome en la maravilla de que alguna vez me fue dada, puedo decidir ser agradecido por haber compartido la vida juntos, aunque haya sido por unos escasísimos diez años. Solo hay dos opciones aquí, pero créeme, para mí la mejor manera de salir de esto es por la vía de la gratitud. La vía de la tristeza no altera la cruel realidad ni un ápice y solo empeora las cosas...

La vida es un regalo, cada partícula de ella, y... la manera de tratar con un regalo es siendo agradecido. [4]

La frase bíblica para gratitud es *acción de gracias*. A pesar de las terribles circunstancias de su vida, el apóstol Pablo dijo a los creyentes: «Den gracias a Dios en toda situación, porque esta es su voluntad para ustedes en Cristo Jesús» (1 Tesalonicenses 5.18). La gratitud por las situaciones difíciles de la vida no se presenta con tanta facilidad como por las cosas placenteras. Pero en un ascenso por el sufrimiento, la gratitud debe presentarse en las primeras etapas; de otra manera los peldaños de arriba son difíciles de ver.

Me di cuenta de que para asirme por completo del peldaño de la gratitud, tenía que hacerme esta pregunta: «Cuando pienso en Harriet, ¿bajo la vista con autocompasión o miro hacia arriba con gratitud a un Dios soberano que planea mi bien?». En Salmos 100.4-5 se afirma que para abrazar la vitalidad de la vida, aun frente a la muerte, debo elegir la gratitud.

> Entren por sus puertas con acción de gracias;
> vengan a sus atrios con himnos de alabanza;
> denle gracias, alaben su nombre.
> Porque el Señor es bueno y su gran amor es eterno;
> su fidelidad permanece para siempre.

Debemos confiar en la soberanía de Dios y en su bondad (los dos primeros peldaños de la Escalera de la Verdad) para dar gracias por las situaciones difíciles de la vida. Isaías 57.15 nos asegura que Dios vivificará el corazón humilde hacia él.

> Porque lo dice el excelso y sublime,
> el que vive para siempre, cuyo nombre es santo:
> «Yo habito en un lugar santo y sublime,
> pero también con el contrito y humilde de espíritu,

para reanimar el espíritu de los humildes

y alentar el corazón de los quebrantados».

La gratitud es una forma extraña de ascender y salir de la oscuridad, ¿no es así? Pero funciona, te lo aseguro. El peldaño de la gratitud es fuerte y estimulante. Temprano una mañana pocas semanas después de la muerte de Harriet, me senté cerca de la chimenea y empecé a escribir en mi diario por qué estaba agradecido por Harriet. Para mi gran sorpresa y gozo, anoté cincuenta y nueve regalos que recibí de ella, tales como lecciones sobre la vida, amor por las flores, y aprecio por el dolor. Yo no sería la persona que ahora soy si Harriet no me hubiera dado esos regalos. Esta lista ha crecido con el tiempo, pero cuando empecé a recopilarla, me impactó una realidad que no había visto antes. Los regalos que Harriet me había dado fueron determinados por Dios. Harriet fue y siempre será un regalo que Dios me dio. Como Dios le trajo a Eva a Adán. Dios me trajo a Harriet. Nuestro romance empezó porque Dios hizo que ella se me acercara. Como dije antes, la noche en que nos conocimos, cuando ella llegó a su casa escribió en su diario: «Creo que conocí al hombre con quien quiero casarme». Sentado frente a la chimenea, abracé la verdad que se encuentra en 1 Timoteo 4.4: «Todo lo que Dios ha creado es bueno, y nada es despreciable si se recibe con acción de gracias». Después de mi Salvador maravilloso, Harriet es el segundo gran regalo que Dios me ha dado.

El peldaño de la gratitud me elevó hacia una visión nueva y completa para mi futuro. El dolor no se había ido, pero la esperanza se fortalecía.

Peldaño cuatro:
La vida es un regalo

«La vida es un regalo; cada partícula de ella».[5] Esta observación profunda es el siguiente peldaño de la Escalera de la Verdad. Darme cuenta de que la vida es un regalo me llevó otro paso más arriba en mi escapatoria del abismo del dolor.

Esta es la cuestión: nadie merece la vida. Es simplemente un regalo de nuestro Dios amoroso; y la muerte trae a relucir lo preciosa que es la vida. En las primeras páginas de Génesis enfrentamos esta verdad: «Y Dios el Señor formó al hombre del polvo de la tierra, y sopló en su nariz hálito de vida, y el hombre se convirtió en un ser viviente» (Génesis 2.7). Este versículo afirma que Dios nos da vida, y Eclesiastés 3.12-13 (LBLA) afirma que la vida es un don: «Sé que no hay nada mejor para ellos que regocijarse y hacer el bien en su vida; además, que todo hombre que coma y beba y vea lo bueno en todo su trabajo, eso es don de Dios».

Los regalos a menudo se presentan en empaques inesperados. En el período de tres meses, entre marzo a mayo de 2013, me pidieron que dirigiera seis funerales. Nunca había oficiado tantos funerales en un año, mucho menos en un lapso de pocos meses. Esta oleada de funerales empezó solo tres meses después de la muerte de Harriet.

Dirigir esos funerales me ayudó de varias maneras. Dio comienzo a una libertad nueva para hablar sobre la vida, el cielo y la esperanza. Confieso que al hablar sobre estos temas trascendentales mis emociones se exaltaron hasta tal punto que en un funeral me expresé con demasiada exuberancia ensalzándolos de manera excesiva.

Quizás no consideré apropiadamente el dolor que es parte de este tipo de ocasiones. Pero en funerales subsecuentes, bajé el tono y encontré lo que creo que fue un equilibrio apropiado. Después de uno de esos funerales, una amiga me escribió la siguiente nota:

> Pete, el servicio funerario del martes lo considero uno de los mejores que he tenido el privilegio de escuchar. Tu mensaje reflexivo fue tan rico en significado e importancia, como lo fue tu tributo.

Puedo decir sinceramente que la alabanza prodigada en esta nota debe estar dirigida a Dios, no a mí. Yo simplemente tuve el privilegio de ser su vocero al proclamar lo verdaderamente glorioso que es el regalo de la vida. Y personalmente asirme de este peldaño de la Escalera de la Verdad me ayudó inmensamente a elevarme un paso más en mi ascenso desde el pozo del dolor.

PELDAÑO CINCO:
LA MUERTE ES UN REGALO

Puede parecer una paradoja, pero es una verdad bíblica que así como la vida es un regalo, también lo es la muerte. Comprender este hecho insólito nos pone en el quinto peldaño de la Escalera de la Verdad. Si te preguntas cómo algo tan devastador como la muerte podría ser un regalo, lee lo que el salmista escribió en Salmos 116.15 (LBLA): «Estimada a los ojos del Señor es la muerte de sus santos».

Estimada es una palabra que normalmente no se relaciona con la muerte. Significa especial y valiosa. Aun cuando a la muerte se le considera un enemigo por ser el resultado del pecado cometido por Adán y Eva en el huerto del Edén, las Escrituras nos dan varias razones positivas de su existencia. Dios dispuso que la muerte permaneciera con nosotros de modo que no viviéramos para siempre en nuestros pecados. Así la muerte se convirtió en un regalo, porque una vida ilimitada, contaminada con el pecado, rápidamente se convertiría en una fosa séptica de miseria y desesperanza. Como lo confirman las Escrituras, esta es la primera razón de la muerte.

> Y dijo: «El ser humano ha llegado a ser como uno de nosotros, pues tiene conocimiento del bien y del mal. No vaya a ser que extienda su mano y también tome del fruto del árbol de la vida, y lo coma y viva para siempre». Entonces Dios el Señor expulsó al ser humano del jardín del Edén, para que trabajara la tierra de la cual había sido hecho. Luego de expulsarlo, puso al oriente del jardín del Edén a los querubines, y una espada ardiente que se movía por todos lados, para custodiar el camino que lleva al árbol de la vida. (Génesis 3.22-24)

La muerte es el resultado del pecado, pero también acaba con el pecado. Evidentemente Dios creó a Adán para que viviera para siempre. Pero cuando Adán pecó, Dios quitó del Edén el árbol de la vida, el cual representaba el combustible que sustentaba la vida eterna de Adán. Ahora la vida eterna solo se encuentra en la muerte y resurrección de Cristo.

La segunda razón para la existencia de la muerte es que nos recuerda que la vida es una prueba. La prueba consiste en ver si usamos la vida para adquirir sabiduría para los propósitos de Dios. Esta afirmación la encontramos en Salmos 90.12: «Enséñanos a contar bien nuestros días, para que nuestro corazón adquiera sabiduría».

Tercera, la muerte también nos recuerda que la vida terrenal tiene límites: «Algunos llegamos hasta los setenta años, quizás alcancemos hasta los ochenta, si las fuerzas nos acompañan. Tantos años de vida, sin embargo, solo traen pesadas cargas y calamidades: pronto pasan, y con ellos pasamos nosotros» (Salmos 90.10).

Dios ve la muerte de una manera bastante diferente a como la vemos nosotros. La muerte no es un destino final; es la puerta hacia nuestro hogar celestial. No es una ladrona que nos despoja de amor; es una separación temporal. Y cuando esa separación llega, el amor no deja de existir en ninguno de los lados de ese velo delgado entre el cielo y la tierra.

Finalmente, la muerte tiene una meta. Nos lleva a nuestro hogar celestial y a la presencia de nuestro Padre celestial. Pablo explicó en detalle esta verdad, usando términos tales como «morada», «vestidos» y «tienda de campaña» como metáforas de nuestros cuerpos físicos.

Mientras tanto suspiramos, anhelando ser revestidos de nuestra morada celestial, porque cuando seamos revestidos, no se nos hallará desnudos. Realmente, vivimos en esta tienda de campaña, suspirando y agobiados, pues no deseamos ser desvestidos, sino revestidos, para que lo mortal sea absorbido por la vida. Es Dios quien nos ha hecho para este fin y nos ha dado su Espíritu como garantía de sus promesas. Por eso mantenemos siempre la confianza, aunque sabemos que mientras vivamos en este cuerpo estaremos alejados del Señor. (2 Corintios 5.2-6)

El regalo de la muerte, como Pablo explicó, consiste en que cuando este cuerpo muera, estaremos en la presencia del Señor.

Estas razones para la existencia de la muerte me ayudaron a verla como un regalo; un regalo inusual, sin duda alguna, pero uno que establece un peldaño bíblico sólido en la Escalera de la Verdad, el cual me dio paz profunda respecto a la muerte de Harriet. Ahora ella está libre de pecado, llena de vida, y en el hogar con Cristo. Esta es una imagen hermosa que guardaré en mi corazón hasta que la vuelva a ver cara a cara.

Peldaño seis:
El dolor tiene un propósito

Darme cuenta de que tanto la vida como la muerte son regalos con propósitos me condujo al siguiente peldaño de la Escalera de la Verdad: el dolor también tiene un propósito. El dolor ha sido parte del diseño de Dios desde la caída de la humanidad en el huerto del Edén. El dolor existe solo porque Dios lo concibió como un componente necesario de un mundo caído. Como el apóstol Juan nos dice, nada existe sin Dios: «Por medio de él todas las cosas fueron creadas; sin él, nada de lo creado llegó a existir» (Juan 1.3).

En 1 Pedro 2.19 leemos: «Porque es digno de elogio que, por sentido de responsabilidad delante de Dios, se soporten las penalidades, aun sufriendo injustamente». Y Lamentaciones 3.31-38 habla de la soberanía de Dios y su renuente disposición para infligir dolor, calamidad y sufrimiento cuando estas modalidades de disciplina dan lugar a un bien mayor. No obstante, este pasaje también habla de su misericordia y del hecho de que tras estas aflicciones él derramará compasión y amor.

> El Señor nos ha rechazado,
>> pero no será para siempre.
> Nos hace sufrir, pero también nos compadece,
>> porque es muy grande su amor.
> El Señor nos hiere y nos aflige,
>> pero no porque sea de su agrado.
>
> Cuando se aplasta bajo el pie
>> a todos los prisioneros de la tierra,
> cuando en presencia del Altísimo
>> se le niegan al hombre sus derechos
> y no se le hace justicia,
>> ¿el Señor no se da cuenta?
>
> ¿Quién puede anunciar algo y hacerlo realidad
>> sin que el Señor dé la orden?
> ¿No es acaso por mandato del Altísimo
>> que acontece lo bueno y lo malo?

Siempre había pensado que el sufrimiento era el resultado emocional de las pérdidas. No lo había visto como algo que Dios trae.

El sufrimiento es el lado oculto del amor. Es la añoranza que tengo por Harriet: su rostro sonriente, su presencia cálida, el aroma dulce de su piel, y el sonido de su risa. Esto trae un vacío que tengo que enfrentar. En Juan 12.24, Jesús explicó la muerte con una alegoría: «Si el grano de trigo no cae en tierra y muere, se queda solo».

Toda vida y todo amor terrenal deben morir; no porque no sean buenos, sino porque son incompletos. Nos tienen que quitar la cáscara de naturaleza pecaminosa que heredamos de Adán. Esta es la muerte del «traje terrenal», por así decirlo, y este despojo tiene que suceder en un creyente antes de que se le dé un cuerpo resucitado, el cual lo habilitará para vivir y amar de manera perfecta.

La vida y el amor como los percibimos en la actualidad son meras sombras de las cosas reales que están por venir en el cielo. No serán cosas diferentes, ¡sino mejores y mayores realidades de las cosas viejas! Harriet no dejó de ser Harriet cuando murió; se convirtió en la *verdadera* Harriet, la Harriet perfecta, la Harriet completa. Sigue teniendo la misma sonrisa, risa y belleza que tuvo en la tierra, pero es totalmente libre de todos los impedimentos de su vida antigua.

Esta misma transformación le sucederá a toda persona que muera abrazando la redención proporcionada por Jesucristo. Por mucho que llore la ausencia de Harriet en la tierra, el sexto peldaño de la Escalera de la Verdad me enseñó a celebrar su perfección recién encontrada en el cielo, especialmente al saber que un día me uniré a ella en esa perfección.

Peldaño siete:
Expectación

Conformé subía la escalera, la verdad iba quitando capas de mi sufrimiento peldaño por peldaño. Por favor entiende que no vamos a deshacernos completamente del sufrimiento mientras estemos de este lado del cielo. El sufrimiento cumple con su propósito de protegernos del aguijón de la muerte. Es un entorno siempre presente, algo así como estar en el vientre materno. Te sientes encerrado, tal vez incluso atrapado. Cuando lo peor del sufrimiento termina, no significa que la felicidad empieza de inmediato, pues queda el espacio vacío que deja la vida que se fue.

Pero este vacío también tiene una función positiva. Es una forma de espera, una forma de expectación, y este es el séptimo peldaño de la Escalera de la Verdad. Esperar y tener esperanza son parte del ciclo decretado por Dios de plantar, regar, desmalezar y fertilizar. Nos encargamos de estas facetas del cultivo, y luego esperamos a que la estación de los frutos llegue para poder recoger la cosecha. Dios nos creó para llevar fruto, y a menudo el fruto del dolor se convierte en nuestra mejor ofrenda para él.

Este peldaño de expectación está ensamblado en el amor inquebrantable del Señor, el cual nunca acaba porque cada mañana se renuevan sus bondades (Lamentaciones 3.23). El vacío que la muerte de Harriet creó en mi vida es dolorosamente real, pero el período de espera antes de reunirme con ella en el cielo no es tiempo perdido. Mientras espero y estoy a la expectativa, Dios está obrando en mí.

En Salmos 3.5, David escribió: «Yo me acuesto, me duermo y vuelvo a despertar, porque el SEÑOR me sostiene». En Salmos 121.3 añadió: «Jamás duerme el que te cuida». Luego, en Salmos 5.3, David habló de la expectación: «Por la mañana, SEÑOR, escuchas mi clamor; por la mañana te presento mis ruegos, y quedo a la espera de tu respuesta». Esta misma esperanza que David tenía, firmemente enraizada en el amor inquebrantable de Dios, es la expectación que me levantó de la oscuridad del sufrimiento hacia la luz del cielo.

Aprendí muchísimo mientras iba subiendo por la Escalera de la Verdad. Cuando me paré erguido en el último peldaño, vi la vida y la muerte desde una perspectiva totalmente diferente. Y también vi el cielo de manera diferente. Me di cuenta de que la perspectiva que antes tenía del cielo había sido lastimosamente insignificante, unidimensional y poco profunda. No había visto el cielo como el terreno sólido, glorioso, increíble que en realidad es.

Salir del pozo no significaba que mi jornada había terminado. Por el amor y la misericordia de Dios, cada peldaño es un mero escalón hacia un nuevo entendimiento de realidades más grandiosas. Este despliegue continuo me recordó a una muñeca rusa. En la superficie parece estar completa, pero se abre para revelar a otra muñeca adentro. Repites el proceso varias veces, y para tu sorpresa, cada una de las veces emerge otra muñeca.

Cuando me bajé de la escalera, ante mí se abrió una vista panorámica nueva que revelaba diez realidades sobre el cielo aun por descubrir. Me dispuse a explorar esas realidades, y cada descubrimiento nuevo me llenó de una alegría y un entusiasmo que no había sentido desde antes de la muerte de Harriet. En los siguientes dos capítulos revelaré lo que descubrí.

CAPÍTULO 11

EL CIELO ASOMBROSO: SU ESCENARIO

La poca fe conducirá el alma al cielo, pero la mucha fe traerá el cielo al alma.

—CHARLES SPURGEON, CITADO POR
ELISABETH ELLIOT EN *SHADOW OF THE ALMIGHTY*

Después de subir por la Escalera de la Verdad, finalmente sentí paz con respecto a la muerte de Harriet, y empecé a desarrollar un intenso interés por su vida nueva. No puedo imaginarme un ciudadano del cielo más entusiasta que Harriet. Mientras ella estuvo en la tierra, su entusiasmo por las cosas más pequeñas marcó una diferencia enorme en la vida de los demás. Un amigo dijo de ella: «¡Seguramente Harriet hará del cielo un lugar más animado!».

Harriet estaba preparada para ser ciudadana del cielo aun antes de que abandonara la tierra. De ella brotaba el aroma que hace del cielo un lugar paradisíaco.

Pensar que Harriet vivía en el cielo desató mi curiosidad y me motivó a descubrir todo lo posible sobre nuestro hogar eterno y la vida que tendremos ahí. Había leído *El Cielo* de Randy Alcorn varios años antes de la muerte de Harriet.[1] Es la obra con fundamentos bíblicos más completo que alguna vez se haya escrito sobre el tema, y abrió mis ojos a muchas percepciones nuevas sobre la naturaleza del cielo.

Fui a la biblioteca de mi instituto, encontré cincuenta libros sobre el tema del cielo y sobre la vida después de la muerte, y los leí todos. Varios de ellos se elevaron a la categoría de los mejores libros tanto bíblica como académicamente, como: *Probing Heaven* de John Gilmore, *Exploring Heaven* de Arthur O. Roberts, y *Everything You Ever Wanted to Know About Heaven* de Peter Kreeft.[2]

Sin embargo, yo no quería que la sabiduría de los hombres me confundiera en mi búsqueda de la verdad sobre el cielo. Estaba decidido a que todo lo que depositara en mi mente estaría basado en la Palabra de Dios. Estaba extremadamente consciente de que en mi estado alterado, podría con facilidad permitir que mi imaginación se fuera por encima de la verdad revelada, ocasionando que construyera castillos en el aire fantásticos y los llamara cielo.

Así que, mientras ahondaba en la sabiduría de estos libros, tuve cuidado, sin dejar de orar, de fundamentar mi investigación en las Escrituras. Como nos dijo Jesús: «Si se mantienen fieles a mis enseñanzas, serán realmente mis discípulos; y conocerán la verdad, y la verdad los hará libres» (Juan 8.31-32).

El propósito de mi búsqueda era descubrir cuáles verdades podemos discernir sobre la vida en el cielo que nos motiven en la tierra, especialmente cuando estamos llorando la muerte de un ser querido. Las verdades en este capítulo y el siguiente me han dado paz respecto a la muerte de Harriet, gozo por la vida que ella ahora tiene, y tengo grandes expectativas para la vida eterna que me espera. Te invito a que recorras conmigo estas verdades sanadoras y motivantes que aprendí sobre el cielo. Las primeras cuatro verdades que se examinan en este capítulo nos ayudan a obtener el panorama completo.

El cielo es un lugar real

Me sorprende continuamente cómo muchos cristianos piensan que el cielo es cierto tipo de entorno vago, etéreo, donde existiremos de algún modo que no es físico. En sus mentes, el cielo no es algo tangible. Creen que ni el cielo ni nuestros cuerpos serán realidades físicas. El simbolismo popular ha conducido a que muchos perciban que el cielo consta de poco más que nubes y una puerta de perla.

Jesús desacreditó con firmeza este concepto erróneo del cielo cuando estando en la cruz le dijo al ladrón arrepentido: «Hoy estarás conmigo en el paraíso» (Lucas 23.43). Él se estaba refiriendo a un lugar, no a un concepto teológico y filosófico. En la Biblia la palabra «paraíso» siempre se refiere a un lugar real.

Cuando Jesús les dijo a sus discípulos: «Me voy y preparo un lugar para vosotros» (Juan 14.3 LBLA), usó la palabra griega *topon*, que significa «lugar». La palabra *topografía* se deriva de *topos*. El cielo tiene topografía. Es un paisaje real del que se puede hacer un mapa y en el que se puede viajar. Jesús confirmó la realidad del cielo cuando añadió: «Así ustedes estarán donde yo esté». Si el cielo no fuera un lugar real, o Jesús estaría engañando a sus discípulos, o sería descuidado en las palabras que elije; es imposible que el Hijo de Dios, perfecto, hiciera alguna de estas dos cosas.

En su libro *Probing Heaven*, John Gilmore afirmó la realidad y solidez del cielo.

> Tres argumentos serios [...] presentan el cielo y lo hacen creíble como lugar. Primero, se dice que Dios creó el cielo y también la tierra. ¿Cómo podría Dios haber creado algo que no se puede localizar? La segunda razón...: Cristo ascendió con un cuerpo resucitado. ¿Cómo puede un cuerpo tangible, que ocupaba espacio, no existir en un lugar celestial? En tercer lugar, hay textos específicos, ambos en el Antiguo y Nuevo Testamento que hablan del cielo como un lugar.[3]

Isaías 57.15 confirma al cielo como un lugar real; de hecho, es el lugar donde Dios habita; él le dijo a Isaías: «Yo habito en un lugar santo y sublime».

Ezequiel 28.13-16 nos muestra que el cielo existió desde la eternidad, cuando los ángeles fueron creados. También sabemos que el cielo existe en la actualidad, como lo insinuó Jesús al ladrón en la cruz. Y de acuerdo con Apocalipsis 2.7, también existe en el futuro: «Al que salga vencedor le daré derecho a comer del árbol de la vida, que está en el paraíso de Dios».

La Biblia describe el cielo como tres cosas definidas: un reino (Mateo 4.17), un país (Hebreos 11.13-16 TLA), una ciudad (Hebreos 11.10; 12.22-24; 13:14). El apóstol Juan afirmó la realidad del cielo como un reino cuando nos contó que contiene un trono con un rey sentado en él (Apocalipsis 5.1). Como país, está lleno de ríos y árboles (Apocalipsis 22.1-3), y uno puede fácilmente visualizar colinas y praderas alrededor. En su ciudad, hay calles (Apocalipsis 22.2), salones para banquetes y fuentes de alimento (Isaías 25.6; Mateo 8.11, Apocalipsis 19.9). Cada una de estas descripciones anuncia el hecho de que el cielo es una realidad tangible, sólida como roca. Difícilmente podría decirse esta verdad de manera más explícita.

La realidad del cielo tiene todavía más sentido cuando leemos que la Nueva Jerusalén un día bajará del cielo para hacer su morada en la tierra.

> Vi además la ciudad santa, la nueva Jerusalén, que bajaba del cielo, procedente de Dios, preparada como una novia hermosamente vestida para su prometido. Oí una potente voz que provenía del trono y decía: «¡Aquí, entre los seres humanos, está la morada de Dios! él acampará en medio de ellos, y ellos serán su pueblo; Dios mismo estará con ellos... [...] Me llevó en el Espíritu a una montaña grande y elevada, y me mostró la ciudad santa, Jerusalén, *que bajaba del cielo, procedente de Dios*». (Apocalipsis 21.2-3, 10)

Considera lo ilógico de una ciudad simbólica o metafórica que desciende a una tierra sólida y real. Cuando dos conceptos en conflicto se encuentran, uno u otro debe ser producto de un pensamiento erróneo. El cielo y la tierra deben de ser reales, o ambos deben de ser fantasía, para poder integrarse con el otro. Sabemos por nuestra propia existencia que la tierra es real, y por las reglas de la lógica, esto significa que el cielo también debe ser real. De lo contrario, lo que existe en un lugar no podría encontrar morada en el otro.

Muchos cristianos creen que las descripciones en el libro de Apocalipsis son simbólicas y demasiado enigmáticas para comprenderlas. Algunos pastores y maestros tratan estos libros como una especie de literatura apócrifa estilizada llena de metáforas poéticas. Descartar el libro de manera tan presuntuosa es miope y engañoso, porque el concepto que se presenta en Apocalipsis lo encontramos integrado a lo largo de las Escrituras. El libro de Apocalipsis sí contiene metáforas, no obstante no todo lo que se describe debe de ser una metáfora. Las metáforas generalmente se reconocen con claridad por la forma en que se presentan.

Aun si uno considera la postura de que las imágenes en Apocalipsis son metáforas, esto no descarta su realidad. Una metáfora tiene que significar algo. No es un sustituto ficticio de la realidad; muestra la realidad con vestiduras de colores para hacerla más vívida. Sin embargo, en las Escrituras el cielo casi siempre se describe de forma clara y directa y no da pie a interpretaciones metafóricas. Lo mismo puede decirse de las descripciones de los componentes que caracterizan el cielo: el reino, la ciudad, el país, el trono y el rey. Todas estas son realidades concretas que existen en un lugar real. Sabemos que es real por la sencilla razón de que Jesús dijo que es real.

El cielo y la tierra están cerca

Esta verdad sobre el cielo es una de mis favoritas: el cielo está cerca de la tierra. Como lo mencioné, poco tiempo después de la muerte de Harriet, visité nuestra cabaña en el bosque. Cuando estaba sentado frente a la mesa del comedor, me fijé en una placa de madera colgada en la pared. Harriet debió comprarla, pero nunca la había mencionado y yo nunca me había fijado en ella hasta entonces. La inscripción en la madera dice: «La pared que separa».

En la placa un hombre está a un lado de una pared delgada y su esposa del otro lado. Los dos están cerca uno del otro, aunque separados. Empecé a preguntarme: *¿Está Harriet tan cerca de mí como el ancho de una pared delgada? ¿Se están realmente tocando el cielo y la tierra, separados tan solo por una barrera delgada? Si es así, ¿hay hendiduras en esa pared a través de las cuales podrían hacerse conexiones?*

Mencioné la proximidad del cielo y la tierra en el capítulo 1, pero ahora quiero revelarte razones bíblicas sólidas por las que sé que su cercanía es una realidad. Acudí a la Biblia para obtener respuestas, y lo que encontré no dejó lugar a dudas: el cielo y la tierra se están tocando. Considera las siguientes Escrituras, y observa el enfoque en la palabra «cerca».

> Tú, Señor, también estás cerca,
>> y todos tus mandamientos son verdad. (Salmos 119.151)

> Busquen al Señor mientras se deje encontrar,
>> llámenlo mientras esté cercano. (Isaías 55.6)

> El Señor observa desde el cielo
>> y ve a toda la humanidad;
> él contempla desde su trono
>> a todos los habitantes de la tierra.
>> él es quien formó el corazón de todos,
> y quien conoce a fondo todas sus acciones.
>> (Salmos 33.13-15)

En el libro *We Shall See God,* editado por Randy Alcorn, Charles Spurgeon, el famoso evangelizador del siglo diecinueve, apoya el concepto de la cercanía del cielo y la tierra.

> Entre la tierra y el cielo solo hay una separación delgada. Nuestra patria está mucho más cerca de lo que pensamos. El cielo de ninguna manera es un país lejano, pues es la casa de nuestro Padre.
> El cielo, en todo caso, está tan cerca que en un momento podemos hablar con él... [Dios]
> Oh, hermanos y hermanas, los que resplandecen nos pueden escuchar.[4]

En un caso contrario de ciudadanos del cielo observando a los que estamos en la tierra, la historia de la lapidación de Esteban, nos muestra a un hombre en la tierra viendo a los habitantes del cielo. Aunque este parece ser un incidente único, también confirma lo que la Biblia nos dice de la cercanía del cielo.

Pero Esteban, lleno del Espíritu Santo, *fijó la mirada en el cielo* y vio la gloria de Dios, y a Jesús de pie a la derecha de Dios.

—¡Veo el cielo abierto —exclamó—, y al Hijo del hombre de pie a la derecha de Dios! (Hechos 7.55-56)

Las Escrituras también confirman la cercanía del cielo y la tierra al afirmar que quienes están en el cielo pueden ver y oír parte de lo que aquí sucede, incluyendo momentos de arrepentimiento. «Os digo, hay gozo en la presencia de los ángeles de Dios por un pecador que se arrepiente» (Lucas 15.10 LBLA). La interpretación común de este versículo es que son los ángeles quienes se regocijan cuando alguien acepta el perdón de Cristo. Y es probable que así sea. Sin embargo, la frase «hay gozo en la presencia de los ángeles» en realidad comunica la idea de que aparte de los ángeles, hay otros que experimentan gozo. ¿Quienes es más probable que celebren el arrepentimiento con gozo infinito? Los que están en el cielo y han experimentado el arrepentimiento y su resultado: la vida eterna en un cielo hermoso e impresionante. Por lo que sé de mi entusiasta Harriet, cuando ella ve en el cielo estos destellos de arrepentimiento en la tierra, su copa de gozo se desborda.

En Juan 8.56, Jesús les dijo a los líderes judíos que lo estaban hostigando: «Abraham, el padre de ustedes, se regocijó al pensar que vería mi día; y lo vio y se alegró». Jesús estaba diciendo que Abraham, quien había muerto siglos antes de que Cristo naciera en la tierra, podía ver la presencia de Jesús aquí, y regocijarse por ello. Es obvio que Abraham fue testigo de este acontecimiento desde el cielo.

Hebreos 12.1 también habla de la realidad de aquellos que están en el cielo viendo acontecimientos en la tierra:

Por tanto, también nosotros, que *estamos rodeados* de una multitud tan grande de testigos, despojémonos del lastre que nos estorba, en especial del pecado que nos asedia, y corramos con perseverancia la carrera que tenemos por delante.

La palabra «rodeados» en este versículo trae a la mente la idea del *anfiteatro*, pues sigue con la simbología deportiva que aquí se utiliza.

La idea es que aquellos que ya corrieron su carrera ahora nos están observando mientras corremos la nuestra. B. F. Westcott, en su comentario sobre el libro a los Hebreos, añadió: «Aquellos campeones de la antigüedad ocupan el lugar de espectadores, pero son más que espectadores... La palabra *perikeimenon* [que rodea] da la idea de la gran agrupación para la cual el atleta cristiano se vuelve un espectáculo».[5]

Tanto el testimonio de las Escrituras como el de los teólogos dejan claro que aquellos que están en el cielo están observando la tierra de cerca. De hecho, la tierra parece ser el enfoque central de los habitantes del cielo. Esto no debería sorprendernos, ya que Dios está actuando para llevar a cabo su plan de redención de la tierra, el cual incluye la unificación del cielo y la tierra en una sola entidad. Este plan empezó en Génesis 1.26:

Y dijo: «Hagamos al ser humano
a nuestra imagen y semejanza.

Que tenga dominio sobre los peces del mar,
 y sobre las aves del cielo;
sobre los animales domésticos,
 sobre los animales salvajes,
y sobre todos los reptiles
 que se arrastran por el suelo».

El cumplimiento del plan evidenciado en la palabra «dominio» en Génesis, se ve en la palabra «reinarán» en Apocalipsis 20.6:

Dichosos y santos los que tienen parte en la primera resurrección. La segunda muerte no tiene poder sobre ellos, sino que serán sacerdotes de Dios y de Cristo, y *reinarán* con él mil años.

En 2 Timoteo 2.12, el apóstol Pablo añadió: «Si resistimos, también reinaremos con él». Podemos ver que, desde el principio, el plan de Dios era que la humanidad reinara sobre la tierra, y sigue siendo su plan para el futuro. Si el cuidado de la tierra está infundido en la creación de la humanidad y continúa hasta la eternidad, entonces tiene poco sentido pensar que este no sea el deber de los humanos hoy día, tanto para los que estamos en la tierra como para los que están en el cielo. Por consiguiente, tiene perfecto sentido que como parte del reino de Dios, y como embajadores suyos, los ciudadanos del cielo estén sumamente interesados en nuestra obra en la tierra. En efecto, parece que aun en el cielo los humanos continúan ejecutando la función que Dios les confió originalmente en el Edén, los ciudadanos del cielo siguen actuando como vigilantes de la tierra con sus visitas y sus oraciones.

A la luz de estas verdades, es bíblico y lógico suponer que los santos en el cielo, como parte del cuerpo de Cristo, se interesan en nosotros y actúan en nuestro favor. No nos han olvidado, y oran por asuntos de la tierra.

He estudiado la Biblia intensamente para comprender la interacción entre los santos en el cielo (a veces llamados *los vencedores de la iglesia*) y los santos en la tierra (a veces llamados *militantes de la iglesia*). Al parecer, los que están en el cielo oran por nosotros porque sus vidas y recuerdos continúan en un estado perfeccionado, lo cual significa que están conscientes de nosotros. Están conscientes de nuestras oraciones.

> Cuando tomó el libro, los cuatro seres vivientes y los veinticuatro ancianos se postraron delante del Cordero; cada uno tenía un arpa y copas de oro llenas de incienso, que son las *oraciones de los santos*. (Apocalipsis 5.8 LBLA)

Observa el énfasis en la cantidad: «copas... llenas».

> Otro ángel vino y se paró ante el altar con un incensario de oro, y se le dio mucho incienso para que *lo* añadiera a las *oraciones de todos los santos* sobre el altar de oro que estaba delante del trono. (Apocalipsis 8.3 LBLA)

Observa el énfasis en que «todos los santos» estaban orando.

Gritaban a gran voz: «¿Hasta cuándo, Soberano Señor, santo y veraz, seguirás sin juzgar a los habitantes de la tierra y sin vengar nuestra muerte?». (Apocalipsis 6.10)

También están conscientes de los sufrimientos que experimentaron en la tierra.

Parece que en el cielo nuestros seres queridos oran por nosotros aún más de lo que oraron cuando estuvieron en la tierra. En vista de su estado perfeccionado, esto no es sorprendente. Harriet oró por mí todos los días que estuvimos juntos en la tierra. ¿Por qué habría de orar menos en el cielo? J. Sidlow Baxter afirmó esta oración intensa y enfática en su libro *The Other Side of Death*.

Entonces, todo su pueblo que se ha unido a él ahora está ejerciendo *su* ahora-excelso sacerdocio, como su mediador privilegiado que está intercediendo por nosotros los que todavía estamos en la tierra... Tu ser querido allá, está pensando en ti, te ama, está orando por ti: orando por ti continuamente con un discernimiento iluminado y toda su intercesión por ti es respondida con un divino «sí», y se manifiesta como sustento y bendición que se te presentan cada día.[6]

En *Sorprendidos por la esperanza,* N. T. Wright explicó esta interacción:

Ya que, tanto los santos que nos han precedido, como nosotros, estamos en Cristo, compartimos con ellos en la «Comunión de los Santos», ellos siguen siendo nuestros hermanos y hermanas en Cristo. Cuando celebramos la eucaristía, ellos están allí con nosotros, así como también con los ángeles y los arcángeles. ¿Por qué entonces no deberíamos nosotros rezar por ellos y con ellos?[7]

Wright añadió, para mayor claridad, que en ninguna parte de las Escrituras se nos motiva a orar a los santos para que intercedan por nosotros. Los reformadores fueron inflexibles en esto debido a la falacia del purgatorio, la cual imponía a los santos en la tierra a orar por sus seres queridos para que fueran liberados de su supuesto estado intermedio. Pero él añadió:

> Una vez que descartamos el purgatorio, no veo razón alguna por la que no debamos rezar por y con los muertos y sí considero que hay todas las razones por la que debiéramos hacerlo [...] para que ellos se sientan como nuevos y llenos de la dicha y de la paz de Dios. El amor se traspasa hacia la oración y seguimos queriéndolos. Entonces, ¿por qué no los vamos a mantener en ese amor ante Dios? [8]

Esta verdad sobre la cercanía del cielo y la tierra ha consolidado mi creencia de que no solo las dos entidades están cerca sino que están intrínsecamente conectadas. Y a medida que Dios lo permite, nuestros seres queridos en el cielo están conscientes de nuestras acciones en la tierra. Oran por nosotros y nos motivan de todas las formas posibles que Dios permite de acuerdo con su sabiduría. Harriet fue mi compañera de ministerio, y creo que en el cielo continúa motivándome. ¡Qué reconfortante!

El cielo es hermoso

Jesús confirmó la belleza del cielo cuando lo describió como el paraíso. *Paraíso* es una palabra antigua que significa «jardín amurallado», lo que confirma el vínculo bíblico entre el huerto del Edén y el Paraíso, un sinónimo de cielo. Esta conexión se vuelve clara cuando comparamos los dos pasajes siguientes, uno al principio de la Biblia, y otro al final.

> Dios el Señor plantó un jardín al oriente del Edén, y allí puso al hombre que había formado. Dios el Señor hizo que creciera toda clase de árboles hermosos, los cuales daban frutos buenos y apetecibles. En medio del jardín hizo crecer el árbol de la vida y también el árbol del conocimiento del bien y del mal. (Génesis 2:8-9)

> El que tenga oídos, que oiga lo que el Espíritu dice a las iglesias. Al que salga vencedor le daré derecho a comer del árbol de la vida, que está en el paraíso de Dios. (Apocalipsis 2.7)

La presencia del árbol de la vida tanto en Génesis como en Apocalipsis confirma esa conexión íntima entre el Edén y el Paraíso. Ambos son jardines, lugares de belleza extrema y delicia inmensa. El Edén se describe como un lugar en el que los árboles eran hermosos y daban frutos buenos y apetecibles; un lugar con ríos; un lugar con oro y piedras preciosas; y un lugar de aves y animales (Génesis 2). Un versículo en Ezequiel nos revela que el Edén existió aun antes de que Dios creara la tierra. Cuando Dios creó a Lucifer, quien era un ángel del más alto nivel, esta creatura que alguna vez fue hermosa estuvo en ese Edén celestial. «Estabas en Edén, en el jardín de Dios» (Ezequiel 28.13).

Este orden de la creación (el huerto del Edén que primero existió en el cielo y más tarde fue replicado en la tierra) está confirmado en Job 38.7 cuando Dios le dice a Job que cuando él estaba terminando la creación «cantaban a coro las estrellas matutinas y todos los ángeles gritaban de alegría». Las «estrellas» en este versículo representan a los ángeles, porque las estrellas reales no cantan. El hecho de que *todos* los ángeles estén regocijándose en la creación revela que Lucifer no había caído todavía.

Todo esto me habla de que el Edén y el Paraíso son similares, si no son lo mismo, y ese Edén fue un lugar hermoso que Dios hizo para que sus creaturas y él mismo disfrutaran juntos. Siempre me ha fascinado Génesis 3.8 por lo que representa: «Cuando el día comenzó a refrescar, el hombre y la mujer oyeron que Dios el Señor andaba recorriendo el jardín». ¡Qué escena tan maravilloso en la que Dios disfrutaba la belleza y la riqueza de su creación!

En su libro *The Divine and the Human*, Nicolas Berdyaev, un filósofo religioso ruso, nos comenta que el Edén, o Paraíso, es el origen de la belleza que permanece en nuestro mundo caído: «Toda la belleza del mundo es un recuerdo del Paraíso o una profecía del mundo transfigurado».[9]

Así describió Jonathan Edwards la belleza sin fin de nuestro hogar celestial en su libro *Heaven: A World of Love*: «Qué pronto los amantes terrenales terminan los descubrimientos de su belleza mutua; ¡qué pronto ven todo lo que hay que ver! Pero en el Cielo hay progreso eterno con bellezas nuevas que siempre se están descubriendo».[10]

Ya que el cielo es un lugar perfecto creado por un Dios perfecto, es innegable que cuando lleguemos al cielo nosotros también seremos perfeccionados. Todos los defectos que heredamos de Adán serán corregidos, y nos convertiremos en lo que desde el principio estaba destinado que fuéramos. C. S. Lewis comentó en una ocasión que si un ciudadano del cielo regresara a la tierra para visitarnos, estaríamos tentados a humillarnos y adorar a esa persona. Para mí, Harriet siempre ha sido hermosa. No puedo imaginarme cuánto más hermosa ha llegado a ser como habitante de un cielo impresionante.

EL CIELO ES UN MISTERIO

¡Ah misterio! Nos mantiene embelesados, ¿no es así? A menudo Pablo escribió sobre el misterio de Dios y citó a Isaías para recordarnos que todavía no hemos visto ni oído todo lo que Dios tiene que revelarnos: «Ningún ojo ha visto, ningún oído ha escuchado, ninguna mente humana ha concebido lo que Dios ha preparado para quienes lo aman» (1 Corintios 2.9).

La razón por la que gran parte del cielo está envuelto en misterio es sencilla. Es para abrir nuestro apetito. Si nosotros, hoy creaturas terrenales, pudiéramos comprender la realidad del cielo por completo, entonces haríamos todo lo que estuviera en nuestro poder para llegar ahí tan rápido como fuera posible. El conocimiento completo de tal gloria desviaría nuestra atención y no daríamos importancia a nuestras obligaciones en la tierra. Aunque el cielo es nuestra meta, Dios nos colocó en la tierra para que alcancemos su propósito. Esto significa que nuestro viaje por la tierra es tan importante como nuestro destino final; no tan glorioso, pero de todos modos igual de importante. Se nos dan pistas de la gloria celestial para atraernos a ella, pero su misterio se mantiene para evitar que nos distraigamos de nuestro propósito actual.

Se nos coloca en la tierra para lograr aquello que glorifique a Dios, no solo en la tierra sino también en el cielo. Pablo nos recuerda en Efesios 2.7 que Dios nos exhibirá como sus trofeos de gracia ante todo el reino celestial «para mostrar en los tiempos venideros la incomparable riqueza de su gracia, que por su bondad derramó sobre nosotros en Cristo Jesús». Este versículo nos dice que aquí en la tierra tenemos oportunidades para dar gloria a Dios en el cielo. No obstante, esto es otro indicativo de que el velo entre el cielo y la tierra es delgado y permeable.

Pablo, por su conexión íntima y recíproca con Dios, sin duda comprendió mucho más del misterio del cielo que nosotros. Hasta deliberó si sería mejor partir y estar con Cristo o continuar aquí con un trabajo fructífero (Filipenses 1:21-24). Dijo que estar con Cristo era muchísimo mejor, pero era necesario continuar sirviendo aquí.

Como la Biblia nos relata, el cielo está lleno de misterios gloriosos que en este momento están ocultos de nosotros. Sin embargo, estos misterios no permanecerán escondidos para siempre. Son glorias que algún día nos serán reveladas en persona, y para siempre las experimentaremos como realidades.

Estoy profundamente agradecido por saber que Harriet vive en ese lugar eterno y hermoso, junto con cada creyente que ha partido de esta tierra. El misterio de su vida y participación nuevas en el cielo me emociona infinitamente porque la obra de Dios es eterna y por consiguiente, inextinguible. Así como toda la eternidad permaneceré asombrado por la belleza de Dios que me será revelada, las Escrituras aclaran que también disfrutaré los misterios bellos y eternos de Harriet y de todos los otros santos en el cielo, que me serán revelados.

CAPÍTULO 12

EL CIELO ASOMBROSO: SU GENTE

En el cielo haremos muchas de las cosas que hacíamos aquí en la tierra; solo que a la perfección.
—STEVEN J. LAWSON, *HEAVEN HELP US!*

En el capítulo anterior presenté las primeras cuatro de diez verdades sobre el cielo que descubrí en mis estudios. La realidad de la interconexión entre el cielo y la tierra. En este capítulo, las seis verdades restantes revelan las características y actividades de los habitantes del cielo.

LA PUREZA DE LOS CIUDADANOS DEL CIELO

Aunque nuestra vida continúa después de abandonar la tierra, hay una diferencia enorme. En la tierra, nuestra vida está contaminada por la naturaleza pecaminosa que heredamos de Adán. En el cielo esa naturaleza quedará atrás y seremos perfectamente puros. «Nos despojamos de nuestra vieja piel pecaminosa», por así decirlo. En Romanos 7.15, Pablo reconoce el peso de la naturaleza pecaminosa: «No entiendo lo que me pasa, pues no hago lo que quiero, sino lo que aborrezco».

El conflicto que provocó el desasosiego de Pablo desaparece en el cielo, porque fue reemplazado por la perfección obtenida por el sacrificio del Hijo de Dios sin pecado. El autor de Hebreos celebró esta perfección.

Por el contrario, ustedes se han acercado al monte Sión, a la Jerusalén celestial, la ciudad del Dios viviente. Se han acercado a millares y millares de ángeles, a una asamblea gozosa, a la iglesia de los primogénitos inscritos en el cielo. Se han acercado a Dios, el juez de todos; a *los espíritus de los justos que han llegado a la perfección*; a Jesús, el mediador de un nuevo pacto; y a la sangre rociada, que habla con más fuerza que la de Abel. (12.22-24)

Charles Spurgeon dijo esto sobre el cielo:

Cuando los seguidores de Cristo se levanten, dejarán atrás al viejo Adán. ¡Bendito día! Uno de los aspectos más felices del cielo será ser libre de la tendencia a pecar, una muerte total a esa vieja naturaleza que ha sido nuestra plaga y nuestra desgracia.[1]

El apóstol Juan confirmó esta perfección adquirida:

Queridos hermanos, ahora somos hijos de Dios, pero todavía no se ha manifestado lo que habremos de ser. Sabemos, sin embargo, que cuando Cristo venga seremos semejantes a él, porque lo veremos tal como él es. Todo el que tiene esta esperanza en Cristo se purifica a sí mismo, así como él es puro. (1 Juan 3.2-3)

«Seremos semejantes a él» significa que seremos puros como Cristo es puro. En su libro *Exploring Heaven*, Arthur O. Roberts usó los lentes de la lógica y la razón para llegar a esta conclusión sobre la vida en el cielo: «Sin el pecado que corrompe y destruye, podemos manejar percepciones sensoriales acentuadas, podemos emitir juicios con una mente purificada, y podemos expresar nuestras emociones con percepciones esclarecidas».[2]

Esto debe ser parcialmente lo que Pablo quiso decir cuando le comentó a la iglesia de Éfeso que Dios nos escogió para que «seamos santos y sin mancha delante de él» (Efesios 1.4), y «sin mancha ni arruga» (Efesios 5.27). He tratado de pensar en Harriet sin una naturaleza pecaminosa, sin mancha ni arruga, su espíritu hecho perfecto. ¿Qué implica esto? Por lo menos, significa que no tiene miedo; está segura de sí misma pero es humilde; está deseosa de servir y adorar. Está llena de gozo, nunca se preocupa, nunca se desanima, siempre tiene libertad de compartir su amor, y demás. ¡Me muero de impaciencia por verla y experimentar el gozo que ahora tiene! Ella se ha purificada.

La actividad en el cielo

En la parábola de los talentos que Jesús relató, el amo elogia al siervo por ser fiel en lo poco y luego le dice que por su fidelidad, será puesto a cargo de mucho más (Mateo 25.14-30). Es evidente que la parábola está hablando del cielo. En vista de que las parábolas ilustran la verdad, esta nos dice que en el cielo se nos darán tareas. Será un lugar de actividad sumamente importante.

Al final del libro de Apocalipsis, Juan escribió: «Y ya no habrá más maldición; y el trono de Dios y del Cordero estará allí, y sus siervos le servirán» (Apocalipsis 22.3 lbla). «Servirán» es una palabra que indica acción. En vista de que Apocalipsis 21 nos relata que el cielo y la tierra se reunirán, esto significa que los creyentes tendrán la oportunidad de acoger oportunidades asombrosas en ese entorno nuevo y perfecto. Con toda certeza, adoraremos a Dios y a Jesús cara a cara, pero eso no será todo lo que haremos. Dios creó a los seres humanos para que sean activos, y como en la parábola de los talentos, él nos dará tareas importantes en el cielo. Todo lo que logremos allá será un acto de alabanza y adoración para él.

Para la mayoría de nosotros, la idea común del cielo como un lugar de inactividad no es atractiva. Cuando permanecemos inactivos, nos aburrimos. El aburrimiento en el cielo no debe preocuparnos. El cielo no es un centro fastuoso de retiro. Es un lugar en el que reflejaremos y complementaremos la creatividad de Dios.

En su libro *Heaven Help Us!*, Steven J. Lawson escribió: «En el cielo haremos muchas de las cosas que hacíamos aquí en la tierra; solo que a la perfección».[3] Estoy seguro de que Harriet está sumamente activa en el cielo, y lo más probable es que esté fascinada por estar sumergida en su vocación favorita: crear belleza con flores. A menudo Harriet decía: «Cuando miras el rostro de una flor, ves el amor de Dios, nuestro Creador». Ella veía las flores como una manera de exaltar a Dios. ¿Por qué no habría de continuar usando las flores para exaltar a Dios en el cielo?

En su libro *Biblical Teaching on the Doctrines of Heaven and Hell*, el pastor Edward Donnelly respaldó el concepto de la actividad significativa en el cielo. Escribió: «Por toda la eternidad viviremos vidas plenas, verdaderamente humanas, explorando y administrando la creación de Dios para su gloria. Vistas fascinantes se desplegarán ante nosotros mientras aprendemos a servir a Dios en un universo renovado».[4]

Cuando Isaías habló del futuro glorioso que nos espera en el cielo nuevo y en la tierra nueva, dijo que los habitantes edificarán casas y plantarán viñas, y que ningún trabajo será en vano. Esto implica una actividad maravillosa, gozosa, todavía por venir, que no puede ser arruinada por los efectos destructivos de la Caída.

> Construirán casas y las habitarán;
>> plantarán viñas y comerán de su fruto.
> Ya no construirán casas para que otros las habiten,
>> ni plantarán viñas para que otros coman.
> Porque los días de mi pueblo
>> serán como los de un árbol;
> mis escogidos disfrutarán
>> de las obras de sus manos. (Isaías 65.21-22)

Dallas Willard lo planteó muy bien: «Tu destino eterno no es un retiro cósmico; es para que seas parte de un proyecto creativo tremendo, bajo un liderazgo increíblemente espléndido, en una escala inconcebible, con ciclos de productividad y gozo siempre en crecimiento; esta es la visión profética que «ningún ojo ha visto, ningún oído ha escuchado».[5]

Los datos bíblicos, así como la razón y la lógica, confirman que la vida en el cielo está llena de actividad que todos sus habitantes abrazan con gusto y sin fatiga. ¡Qué mundo tan maravilloso anticipamos!

La sabiduría y conocimiento de los ciudadanos del cielo

Aunque cuando entremos en el cielo no nos volveremos omniscientes, nuestro conocimiento y sabiduría florecerán de manera exponencial. Una fuente de nuestra sabiduría será la ley de Dios. Aunque en un principio se nos dio en la tierra, el salmo 119 nos dice que la ley de Dios es eterna por naturaleza, y sigue siendo válida en el cielo:

> Por toda la eternidad
> obedeceré fielmente tu ley...

> Tu palabra, Señor, es eterna,
> y está firme en los cielos. (vv. 44, 89)

A partir de estos versículos podemos razonar que en el cielo continuaremos estudiando, aprendiendo y meditando en la

Palabra de Dios. Nuestro conocimiento aumentará incesantemente porque servimos a un Dios infinito. ¿Puedes imaginarte poder sentarte con los profetas del Antiguo Testamento y pedirles que te expliquen lo que escribieron? La sabiduría de Dios nunca se agotará. Como lo expresó William Hendricksen, estudioso del Nuevo Testamento:

> De acuerdo con las Escrituras, cuando el alma llega al cielo continúa viviendo... Vive más abundantemente que antes. Ahora *vivir* significa pensar, tener comunión, ver y oír, regocijarse, etc. [...] ¿Acaso es posible que pensemos y no progresemos en *conocimiento?* ...tal como el niño-Cristo «perfecto» fue el que «crecía y se fortalecía; *progresaba* en sabiduría, y la gracia de Dios lo acompañaba».[6]

Aquí tenemos otra verdad emocionante sobre la sabiduría en el cielo: comprenderemos por completo el propósito y contexto de nuestras vidas terrenales: «Su obra se mostrará tal cual es, pues el día del juicio la dejará al descubierto. El fuego la dará a conocer, y pondrá a prueba la calidad del trabajo de cada uno» (1 Corintios 3.13).

Estoy seguro de que ahora Harriet comprende por qué Dios permitió que la depresión entrara en su vida. Ve el tapiz completo, no solo el trozo de tela que era su vida terrenal. También creo que día a día ella está obteniendo conocimientos de otros aspectos del plan divino de Dios, y estos nuevos conocimientos obtenidos son mucho más abundantes que los descritos en los libros de su estantería aquí en la tierra. Más importante aun es que ella ha empezado a reconocer a Dios de una manera intensamente personal y a disfrutarlo para siempre. Esto me da gran paz.

Un día todos nuestros pensamientos tendrán la claridad del cielo y la perspectiva de la eternidad. Las palabras de Pablo en 1 Corintios 13.12 hablan de manera elocuente sobre cuán considerablemente se expandirán nuestro conocimiento y nuestra sabiduría en el cielo. «Ahora vemos de manera indirecta y velada, como en un espejo; pero entonces veremos cara a cara. Ahora conozco de manera imperfecta, pero entonces conoceré tal y como soy conocido».

LA CONTINUIDAD
DE LAS VIDAS CELESTIALES

Probablemente ninguna verdad sobre el cielo me ha ayudado a pasar por mi sufrimiento personal más que la verdad de la continuidad. La continuidad de la vida cuando se mueve de la tierra al cielo es un hecho evidente en las Escrituras. Jesús dijo a sus discípulos que deseaba beber el fruto de la vid con ellos en el reino de su Padre (Mateo 26.29). Es como si estuviera diciendo: «He disfrutado esto, pero tengo que irme por un tiempo. Hagámoslo otra vez cuando se reúnan conmigo allá». Sabemos que la amistad terrenal entre los discípulos y el Hijo de Dios continúa en el cielo hasta la fecha porque Jesús lo prometió de manera específica. El Jesús con quien los discípulos se reunieron después de su muerte y resurrección es la misma persona con la que caminaron en la tierra durante tres años. Él reconocía sus rostros y los llamaba por su nombre.

¿Cómo podemos dudar de que Jesús y sus discípulos continúan disfrutando la relación que él inició en la tierra?

Esta promesa de continuidad en las relaciones me asegura que en el cielo reconoceré el rostro de Harriet y sabré su nombre. Nuestra continuidad como las mismas personas nos dará la posibilidad de experimentar el mismo amor que tuvimos en la tierra, solo que ahora aun mejor. Surge la pregunta natural: ¿Una persona sigue casada en el cielo? Esto demanda un estudio más completo de Mateo 22.23-30, cuando le hacen esa misma pregunta a Jesús. En pocas palabras, la respuesta tiene dos aspectos. La antigua forma terrenal de matrimonio como contrato dejará de existir (Romanos 7.1-2). Y deben morir tanto la tensión creada desde la Caída como la naturaleza pecaminosa que existe entre un hombre y una mujer (resumidas en Génesis 3.7, 16; 1 Pedro 3.1, 7). No obstante, la relación de matrimonio continuará y prosperará. Sin importar lo maravilloso que haya sido nuestro mutuo amor en la tierra, no podrá compararse con el amor perfecto que en el cielo echará fuera todos nuestros temores. Esto es lo que Dios añadirá a nuestra relación en el cielo.

Génesis 25.8 habla de este vínculo eterno de los seres queridos entre el cielo y la tierra: «Y [Abraham] murió en buena vejez, luego de haber vivido muchos años, y fue a reunirse con sus antepasados». Algunos podrían pensar que este versículo se refiere a que Abraham fue enterrado en el mismo lugar que sus familiares, pero sabemos que esto tiene un significado mucho más profundo porque Jesús dejó claro en Mateo 8.11 que en el cielo nos sentaremos a la mesa con Abraham y sus seres queridos: «Les digo que muchos vendrán del oriente y del occidente, y participarán en el banquete con Abraham, Isaac y Jacob en el reino de los cielos».

Jesús describió un panorama en el que las personas de tres generaciones viven juntas, se conocen entre sí e interactúan en el cielo. Ya que Abraham ahora está disfrutando la compañía de su hijo y de su nieto, es obvio que la frase «fue a reunirse con sus antepasados» tiene un significado que va más allá de la tumba. De acuerdo con este pasaje, es razonable y lógico creer que en el cielo nosotros, también, experimentaremos la continuidad de nuestras relaciones.

Encontramos otro ejemplo bíblico de continuidad en el relato de la transfiguración de Cristo (Lucas 9.28-35). Jesús ascendió a una montaña, y en la cima se transfiguró momentáneamente en su gloriosa apariencia celestial. Moisés y Elías aparecieron con él, y Pedro, Santiago y Juan reconocieron y nombraron a ambos hombres que hacía mucho tiempo habían partido. Este incidente nos muestra tres cosas sobre la continuidad: primero, que en el cielo, Moisés y Elías siguen siendo las personas que fueron en la tierra. Incluso conservaron sus nombres terrenales. Segundo, en el cielo las personas continúan las vocaciones que Dios les dio; en el caso de Moisés y Elías, sus funciones como profetas y líderes del pueblo de Dios. Tercero, la transfiguración muestra que los humanos en la tierra pueden reconocer a los ciudadanos del cielo.

Las Escrituras que hemos estudiado en esta sección nos muestran que en el cielo continuamos siendo las personas que somos en la tierra. La continuidad de nuestra personalidad, de nuestra apariencia y de nuestra forma de expresarnos nos permitirá reconocernos unos a otros. La continuidad de nuestros talentos y habilidades nos permitirá continuar con el tipo de trabajo que disfrutábamos en la tierra.

Aparte de las Escrituras, ¿qué nos dicen algunos de nuestros autores y teólogos prominentes sobre esta continuidad? En *La divina conspiración*, Dallas Willard afirmó su creencia en la continuidad de la vida: «La vida que ahora tenemos como las personas que somos continuará, y continúa en el universo en el que ahora existimos».[7]

Randy Alcorn lo planteó de esta manera:

> Cuando nos subimos a nuestro auto, ponemos nuestra música favorita y nos dirigimos a casa a una parrillada con nuestros amigos, vemos un partido de fútbol, jugamos golf, andamos en bicicleta, arreglamos el jardín, o nos acurrucamos con una taza de café y un buen libro; no hacemos estas cosas porque seamos pecadores sino porque somos personas. Seguiremos siendo personas cuando muramos y nos vayamos al cielo. Esta no es una realidad decepcionante; es el plan de Dios. Él nos hizo como somos; excepto la parte pecaminosa, que nada tiene que ver con amigos, comidas, deportes, jardinería o lectura.[8]

Aquí se presenta una pregunta subsecuente: «¿Recordaremos el pasado cuando estemos en el cielo?». La respuesta: «¡Por supuesto!». Sin recuerdos, somos nada. En el cielo, conoceremos el pasado mientras vivimos nuestro futuro eterno.

En su libro *Exploring Heaven*, Arthur O. Roberts dijo: «La muerte no es la última palabra. La vida es la palabra definitiva, y esa vida incluye la continuación personal consciente más allá del túnel de la muerte».[9] Luego ofreció esta perspectiva sobre la continuidad de los recuerdos: «En el cielo, todos los recuerdos, buenos y malos serán entrelazados para formar nuestra historia personal redentora, como un preludio hacia una historia de una vida con Dios más plena en compañía de la humanidad redimida, en un cosmos recreado».[10]

Así que por ahora esperamos las alegrías del cielo, pero no olvidemos que nuestra obra en la tierra nunca será en vano. N. T. Wright lo planteó de esta manera: «Cuando la resurrección definitiva ocurra, como punto central de la nueva creación de Dios, descubriremos que todo lo que se hace en el mundo actual con el poder de la propia resurrección de Jesús se celebrará y se incluirá, se transformará de manera apropiada».[11]

Podemos ver que la continuidad de nuestra vida y personalidad de la tierra al cielo es una doctrina bíblica factible. Y la transición puede resultar ser más continuada de lo que imaginamos. En su libro *Guarda tu alma*, John Ortberg citó las palabras de una conversación personal que tuvo con Dallas Willard sobre la muerte. Willard dijo: «Pienso que, cuando muera, a lo mejor pasará algún tiempo antes de que lo sepa».[12]

La realidad de la continuidad de la tierra en el cielo ¡es causa de celebración! Algún día me reuniré con Harriet. La reconoceré, y ella me reconocerá. Aunque ahora la extraño cada segundo de cada día, el saber que nuestra separación es temporal me da energía para mi labor en la tierra, y grandes expectativas para el futuro.

La comunidad de ciudadanos celestiales

En la tierra, la ciudadanía en una nación estable es un privilegio y al mismo tiempo una responsabilidad. La Biblia confirma que nuestra ciudadanía en el cielo también incluye ambos aspectos de la vida en comunidad. Los siguientes versículos confirman que se nos ha concedido la ciudadanía del cielo aun cuando actualmente vivimos en la tierra:

> Son [...] conciudadanos de los santos y miembros de la familia de Dios. (Efesios 2.19)

> En cambio, nosotros somos ciudadanos del cielo, de donde anhelamos recibir al Salvador, el Señor Jesucristo.
> (Filipenses 3.20)

¿Por qué es tan importante comprender el aspecto de comunidad en el cielo? Un incidente en el libro de los Hechos que involucra a Pablo y a Silas, su compañero de misiones, ilustra la respuesta. Su predicación en la ciudad romana de Filipos, provocó una revuelta, y como resultado, los soldados romanos arrestaron a los dos hombres, los golpearon y los arrojaron en prisión donde pasaron la noche. En la mañana, el magistrado envió palabra al carcelero para que los soltara. Aquí presento la respuesta de Pablo a ese mensajero:

> Nos han azotado públicamente y sin proceso alguno, y nos han echado en la cárcel, ¿ahora quieren expulsarnos a escondidas?

¡Nada de eso! Que vengan ellos personalmente a escoltarnos hasta la salida. Los guardias comunicaron la respuesta a los magistrados. Estos se asustaron cuando oyeron que Pablo y Silas eran ciudadanos romanos. (Hechos 16.37-38)

Los oficiales filipenses tenían motivos para tener miedo. Los ciudadanos romanos tenían protecciones, privilegios y derechos civiles importantes, que no tenían los residentes que no eran romanos, y existían varias sanciones por violar esos derechos.

Como Roma, todos los reinos certifican a sus ciudadanos y les conceden ciertos derechos y privilegios. Sabemos por las Escrituras que el cielo es un reino. Reconocemos este hecho todas las veces que recitamos las palabras «Venga tu reino» en la oración del Padre Nuestro (Mateo 6.10). La naturaleza del reino del cielo también se indica por el hecho de que tiene ciudades. Este hecho lo vemos en la parábola de los talentos que Jesús contó, cuando el amo recompensa a su siervo diciendo: «¡Hiciste bien, siervo bueno! —le respondió el rey—. Puesto que has sido fiel en tan poca cosa, te doy el gobierno de diez ciudades» (Lucas 19.17).

Al cielo también se le llama país: «Lo que desean es tener un país mejor en el cielo. Por eso Dios les ha preparado una ciudad, y no tiene vergüenza de que le llamen su Dios» (Hebreos 11.16 TLA).

Desde estas tres perspectivas (reino, país y ciudad), podemos ver que el cielo es un lugar para que las personas lo habiten. Es una comunidad de ciudadanos que pertenecen al reino de Dios y tienen todos los privilegios, alegrías, compañerismo y responsabilidades apropiadas. En el cielo serviremos a un Rey que dirigirá nuestro servicio como sus ciudadanos. Así que la ciudadanía del cielo representa tareas placenteras, satisfactorias, vinculadas a las habilidades y talentos únicos que él nos ha dado a cada uno de nosotros.

Es un lugar donde nos deleitaremos al calor de la comunidad. Los seres humanos somos criaturas sociales por naturaleza. Nos encanta interactuar con otros. ¿Puedes imaginarte conocer a personas de cada tribu, lengua y nación? El cielo es una fusión de nacionalidades que nunca se verán con desconfianza, superioridad u hostilidad: se fusionarán socialmente dentro de un todo armonioso. Podemos ver la alegría de esta fusión en estas palabras hermosas de Apocalipsis.

> Y entonaban este nuevo cántico:
> «Digno eres de recibir el rollo escrito
>   y de romper sus sellos,
> porque fuiste sacrificado,
>   y con tu sangre compraste para Dios
>   gente de toda raza, lengua, pueblo y nación. (5.9)

Un día todos los creyentes de todas las naciones de la tierra serán ciudadanos de un país: el cielo. No obstante, conservaremos nuestra singularidad mientras abrazamos la singularidad de otros. Si eres etíope, siempre serás etíope. ¿Por qué habrías de ser diferente? Anhelo conocer a ese eunuco etíope a quien Felipe llevó a Cristo en Hechos 8.26-36; a Simón de Cirene, quien cargó la cruz de Jesús; o tal vez a uno de los sabios, posiblemente asiáticos, que siguieron la estrella que desde el Oriente los llevó a Jesús.

Harriet amaba a la gente. Para ella nadie era un extraño. Puedo imaginar su alegría cuando conoce personas nuevas que son sus conciudadanos del cielo. Y sé que saluda a las que conoció en la tierra cuando llegan al cielo.

Uno de mis últimos y más preciados recuerdos del amor de Harriet por la gente quedó impreso en mi mente y corazón en el aeropuerto de Atlanta. Habíamos llegado temprano para tomar el vuelo a casa después de disfrutar una visita a nuestros nietos. De repente, Harriet recordó que había dejado su almohada para la espalda en el auto rentado. Yo me levanté para recuperarla justo cuando un hombre negro, guapo, bien vestido, con la estatura de un defensa de la NFL, se sentó frente a nosotros en uno de los cuatro asientos del área de espera. Se veía visiblemente alterado, y de inmediato Harriet se presentó y le preguntó al hombre si estaba bien.

Él suspiró profundamente y dijo: «No, no estoy bien. Acabo de perder un contrato de venta muy importante con el aeropuerto». A continuación, explicó que él era el único sostén de su familia, y estaba tratando de inscribir a sus hijos en escuelas buenas. Ese era un revés financiero devastador para él.

Dándome cuenta de la premura del tiempo, expliqué que tenía que apresurarme al estacionamiento para recuperar la almohada de Harriet. Cuando me fui, ella y el hombre continuaron su conversación. Cuando regresé quince minutos después, ese hombre enorme estaba sentado a un lado del asiento de Harriet. Ella sostenía su mano, hablándole de Cristo, y orando por su problema.

Me quedé atrás y observé asombrado mientras mi esposa menuda ministraba a aquel hombre enorme que tenía una necesidad del tamaño de Goliat. Era una escena de amor como el de

Cristo que nunca olvidaré. Conociendo a Harriet, estoy seguro de que desde su nuevo hogar en el cielo, ella continúa orando por aquel hombre, por su negocio y por su familia. Y cuando él llegue al cielo algún día, sé que la va a buscar. Ella será para siempre parte de su familia.

El deleite de adorar a Dios

Como ciudadanos del cielo, nuestro deleite, honor y privilegio más elevado será nuestra adoración a Dios. Él busca nuestra adoración, no solo porque la merece, sino también porque nos atrae a su gozo y gloria. Esto significa que en el cielo ¡la adoración es apasionante!

La adoración es otro elemento en el que vemos la continuidad de la tierra al cielo. Dios desea que la gente que lo adoró en la tierra esté en el cielo. Jesús dijo: «Pero la hora viene, y ahora es, cuando los verdaderos adoradores adorarán al Padre en espíritu y en verdad; porque ciertamente a los tales el Padre busca que le adoren» (Juan 4.23 LBLA).

El libro de Apocalipsis abre la cortina a varias escenas que revelan la adoración que disfrutaremos en el cielo. Estas escenas son tan grandiosas, extensas, masivas y apasionantes que en este capítulo dejaré que estos pasajes hablen por sí mismos.

Primero, nos sentiremos libres de exclamar con todas nuestras fuerzas nuestro amor por Cristo y nuestro asombro por lo que él ha hecho por nosotros:

Luego miré, y oí la voz de muchos ángeles que estaban alrededor del trono, de los seres vivientes y de los ancianos. El número
de ellos era millares de millares y millones de millones. Cantaban *con todas sus fuerzas*:

«¡Digno es el Cordero, que ha sido sacrificado,

de recibir el poder,

la riqueza y la sabiduría,

la fortaleza y la honra,

la gloria y la alabanza!».

(Apocalipsis 5.11-12)

En el cielo, no solo los humanos, sino toda creatura viva se
unirá a la gloriosa alabanza:

Y oí a cuanta criatura hay en el cielo, y en la tierra, y debajo de la
tierra y en el mar, a todos en la creación, que cantaban:

«¡Al que está sentado en el trono y al Cordero,

sean la alabanza y la honra, la gloria y el poder,

por los siglos de los siglos!»

Los cuatro seres vivientes exclamaron: «¡Amén!», y los
ancianos se postraron y adoraron. (Apocalipsis 5.13-14)

Después vemos lo que bien puede ser el servicio de adoración
más grande en la historia de este universo.

Después de esto miré, y apareció una multitud tomada de todas
las naciones, tribus, pueblos y lenguas; era tan grande que nadie
podía contarla. Estaban de pie delante del trono y del Cordero,

vestidos de túnicas blancas y con ramas de palma en la mano. *Gritaban a gran voz*:

«¡La salvación viene de nuestro Dios, que está sentado en el trono, y del Cordero!». (Apocalipsis 7.9-10)

Tendremos el privilegio apasionante de adorar con los ángeles hombro con hombro.

Todos los ángeles estaban de pie alrededor del trono, de los ancianos y de los cuatro seres vivientes. Se postraron rostro en tierra delante del trono, y adoraron a Dios diciendo:

«¡Amén!

La alabanza, la gloria,

la sabiduría, la acción de gracias,

la honra, el poder y la fortaleza

son de nuestro Dios por los siglos de los siglos.

¡Amén!». (Apocalipsis 7.11-12)

Observa en los versículos siguientes, que las multitudes que adoran en el cielo entonan cantos que se escribieron en la tierra; en este caso, el canto de Moisés. No tengo razones para dudar que ahí cantaremos nuestros himnos favoritos con los demás.

Vi también un mar como de vidrio mezclado con fuego. De pie, a la orilla del mar, estaban los que habían vencido a la bestia, a su imagen y al número de su nombre. Tenían las arpas que Dios les había dado, y *cantaban el himno de Moisés*, siervo de Dios, y el himno del Cordero:

«Grandes y maravillosas son tus obras,
Señor, Dios Todopoderoso.
Justos y verdaderos son tus caminos,
Rey de las naciones.

¿Quién no te temerá, oh Señor?
¿Quién no glorificará tu nombre?
Solo tú eres santo.

Todas las naciones vendrán
y te adorarán,
porque han salido a la luz
las obras de tu justicia». (Apocalipsis 15.2-4)

Me imagino a Harriet adorando a Dios en el cielo, cantando sus himnos favoritos con voz potente, su corazón estallando de gozo, regocijándose en la presencia de miríadas de adoradores, y sus oídos en sintonía con los coros de ángeles que cantan alabanzas a Dios. Mi corazón se apasiona cuando imagino su libertad de expresión. Y con la mayor de las alegrías espero con ilusión el día en que yo, también, pueda amar y adorar a Dios en el cielo con todo mi corazón, alma, mente y fuerzas.

De todo lo que hemos aprendido sobre el cielo y las glorias que nos esperan ahí, ¿no es asombroso que Dios hasta nos ha ofrecido una fiesta de bienvenida, y que todos nuestros seres queridos están deseando que lleguemos? Puedo ver la emoción de Harriet cuando yo cruce esas puertas, y espero con ilusión sus brazos extendidos hacia delante, anhelando abrazarme más fuerte que nunca. Y luego puedo ver que voltea y señala hacia Jesús, y por primera vez veo cara a cara al verdadero amante de mi alma, quien para siempre me sostendrá en su amor.

No es el don;
es el Dador

Mientras escribía *Visitas desde el cielo,* me di cuenta de lo mucho que me han ayudado los sueños de Harriet que Dios me ha regalado para encontrar una nueva perspectiva en mis prioridades. Durante aquellas primeras semanas después de su muerte, cuando las inmensas olas de dolor me lanzaban sin misericordia de un lado a otro, habría sido fácil aferrarme a aquellos sueños como mi balsa salvavidas. Pero con el paso de los años, he llegado a entender que los sueños que Dios me ha dado no son un fin en sí mismos. Son punteros diseñados para reenfocar mi visión en una realidad más elevada.

No necesito sueños; necesito a Dios. Finalmente él es mi única fuente de consuelo. Sí, los sueños son regalos que provienen de él, pero su intención no es que dependa de los regalos sino del Dador. Él no quiere que encuentre consuelo en los sueños sino en la fuente de ellos.

Cuando la Biblia describe que Moisés dividió el mar Rojo, no se enfoca en *cómo* lo hizo Dios, sino en *por qué* lo hizo. Dios quería mostrarles a Moisés y a los hijos de Israel con cuánto poder los cuidaría y protegería.

Al reconocer esta verdad, a menudo regreso a las palabras del apóstol Pablo a los colosenses:

Ya que han resucitado con Cristo, *busquen* las cosas de arriba, donde está Cristo sentado a la derecha de Dios. *Concentren su atención* en las cosas de arriba, no en las de la tierra. (3.1-2)

Dos veces motivó Pablo a los creyentes para que se centraran en «las cosas de arriba». Repitió la frase para enfatizar. ¿Por qué esta orden es tan crucial? Porque en las cosas de arriba es donde está la realidad. El cielo es nuestro destino, nuestro futuro. Aprender sobre el cielo y sobre nuestra vida allí debe convertirse en nuestra búsqueda. Las cargas y sufrimientos de la tierra se volverán soportables cuando fijemos nuestra mente en «las cosas de arriba» y nos demos cuenta de estas verdades sobre el cielo.

- El cielo es un lugar real, y es donde Dios habita.

Entonces, ora así:

«Padre nuestro que estás en el cielo,
    santificado sea tu nombre». (Mateo 6.9)

- La vida en la tierra es una prueba, y tiene un límite.

Su obra se mostrará tal cual es, pues el día del juicio la dejará al descubierto. El fuego la dará a conocer, y pondrá a prueba la calidad del trabajo de cada uno. (1 Corintios 3.13)

- Podemos acumular tesoros y recompensas en el cielo.

Más bien, acumulen para sí tesoros en el cielo, donde ni la polilla ni el óxido carcomen, ni los ladrones se meten a robar. Porque donde esté tu tesoro, allí estará también tu corazón. (Mateo 6.20-21).

- Este viaje será examinado porque es valioso para Dios y para ti.

Porque el Hijo del hombre ha de venir en la gloria de su Padre con sus ángeles, y entonces recompensará a cada persona según lo que haya hecho. (Mateo 16.27)

Ya que invocan como Padre al que juzga con imparcialidad las obras de cada uno, vivan con temor reverente mientras sean peregrinos en este mundo. (1 Pedro 1.17)

- Al concentrar tu mente en el cielo, estás expresando fe, y la fe agrada a Dios. Él es nuestro deseo más elevado.

En realidad, sin fe es imposible agradar a Dios, ya que cualquiera que se acerca a Dios tiene que creer que él existe y que recompensa a quienes lo buscan. (Hebreos 11.6)

Estar centrados en el cielo no nos deja, como algunos han afirmado, inertes ni nos impide ser útiles en este mundo. De hecho, lo contrario es cierto. En la parábola de los talentos de Jesús

(Mateo 25.14-30), los siervos que eran más dedicados a su amo (quien representa a Dios) fueron los que lograron más cosas en la tierra. Y obtuvieron recompensa por sus logros terrenales. Una cita famosa de C. S. Lewis de *Mero Cristianismo* expresa este punto a la perfección: «Si leemos la historia veremos que los cristianos que más hicieron por este mundo fueron aquellos que pensaron más en el otro».[1]

Ahora, varios años después de la muerte de Harriet, las alegrías del cielo se han vuelto más claras para mí. Cuento los días para poder verla otra vez, pero por ahora, estas verdades me animan.

1. Ella está en las manos de Dios.
2. Está feliz y en paz.
3. Su propósito es vivir para él.
4. Tiene responsabilidades.
5. Está enfocada, no vive sin objetivos.
6. Está aprendiendo más sobre la sabiduría de Dios.
7. Está usando los dones que Dios le dio.
8. Está viendo toda su vida a la luz de los planes de Dios.
9. Se reúne con los miembros de su familia.
10. Está conociendo a miembros de mi familia.
11. Está adorando con la más grande de las alegrías.
12. Está orando por los planes que Dios tiene para la tierra.
13. Siente dolor divino por mí.
14. Ora por mí y conmigo y por su familia y con su familia en la tierra.
15. Experimenta la gracia de Dios todos los días, así como yo.
16. Ella ve a Jesús cara a cara.

Cuando imagino a Harriet viviendo una vida nueva y abundante, me siento enamorado de ella más que nunca. Ansío que ella me enseñe los misterios inacabables que está experimentando y ansío aprender por medio de mi propia experiencia cuánto más real es Cristo para aquellos que lo ven cara a cara! ¡Y sin duda esa será una gran visita!

Reconocimientos

Tengo una enorme deuda de gratitud con Randy Alcorn. C. S. Lewis una vez dijo que George MacDonald bautizó su imaginación. MacDonald recurrió a la fantasía para enseñar verdades bíblicas, y Lewis le da el crédito por liberar su imaginación. Esto es lo que Randy ha hecho por mí. Su obra sobre el cielo y sus novelas que amplían las posibilidades lógicas del cielo me dieron una libertad nueva para desarrollar lo que yo llamo los «lentes de la lógica». Y un crédito adicional es su obra *Eternal Perspectives*, un volumen de 658 páginas de citas que obtuvo en sus investigaciones. He usado muchas de ellas y también he regresado a las fuentes originales para aprender aún más.

También quiero agradecer a Vickey Gardner, a Corey Page y a Nancy Ross por las muchas ediciones que transcribieron. Nancy continuamente buscaba fuentes para mí. Mi nueva mejor amiga es Ivey Beckman. Ella pulió y volvió a pulir mis palabras, e hizo que me viera mucho mejor de lo que realmente soy.

Quiero agradecer a la iglesia Park Cities Presbyterian Church. El personal y su liderazgo me ayudaron a sobreponerme en mis días más oscuros, me motivaron a contar mi historia, y me dieron tiempo para estudiar. Sus miembros y mis mejores amigos oraron por mí durante esos días difíciles, tanto así que sentía alas de águila elevándose debajo de mí. De manera específica, la Clase Covenant [Pacto] escuchó mi serie sobre el cielo y me motivó a escribir.

Y un gran agradecimiento a Kathy Peel, quien me motivó a escribir este libro y me ayudó a emprender el recorrido que me llevó a publicarlo.

También quiero agradecer a Robert Wolgemuth y a Austin Wilson de Wolgemuth y Asociados por creer en este libro.

Finalmente, quiero agradecer al equipo maravilloso de W Publishing Group. Debbie Wickwire continuamente me inspiraba con su entusiasmo por el libro. Tom Williams y Jennifer Stair lo mejoraron tremendamente, lo pulieron y le dieron cohesión. Todo su equipo es asombroso.

¡Qué gozo es «comulgar» como santos en este proyecto común! A Dios sea la gloria.

NOTAS

Capítulo 3: Un instante devastador

1. Ron Rolheiser, «Losing a Loved One to Suicide», 7 junio 1998, http://ronrolheiser.com/losing-a-loved-one-to-suicide/#.VtZ0XdAk_ww.

Capítulo 4: La compasión del cielo

1. Eleanor H. Hull, «Sé tú mi visión», dominio público.
2. John Claypool, *Tracks of a Fellow Struggler* (Harrisburg, PA: Morehouse, 2004).
3. John Claypool, *The Hopeful Heart* (Nueva York: Church Publishing, 2003); John Claypool, *Mending the Heart* (Cambridge, MA: Cowley, 1999); John Claypool, *God Is an Amateur* (Cincinnati: Forward Movement, 1994).
4. Claypool, *God Is an Amateur*, p.59.
5. Claypool, *The Hopeful Heart*, p. 77.
6. Henry Drummond, *The Greatest Thing in the World and Other Addresses*, una serie de Greetings Books (Nueva York: Collins, 1970).
7. Sheldon Vanauken, *A Severe Mercy* (Nueva York: Harper and Row, 1977), p. 188.
8. Claypool, *God Is an Amateur*, p.38.

Capítulo 5: Cuando la puerta de los cielos se abrió

1. Henry Edward Manning, «Sermon XVIII: The Communion of Saints», *Sermons*, vol. 4 (Londrés: William Pickering, 1850; reimpreso Grand Rapids: Christian Classics Ethereal Library, n.d.), pp. 145–46.
2. F. Scott Fitzgerald, *El gran Gatsby* (Librodot.com Barcelona: 2013), p. 27. http://iesvelesevents.edu.gva.es/wptemp/wp-content/uploads/2013/03/Scott-Fitzgerald.-El-gran-Gatsby.pdf

3. C. S. Lewis, *The Business of Heaven* (Mariner, 1984); Billy Graham, *El cielo: preguntas y respuestas* (Grand Rapids: Portavoz, 2016); Joni Eareckson Tada, *El cielo: su verdadero hogar* (Miami: Editorial Vida, 1999); Paul Enns, *Heaven Revealed (Chicago: Moody, 2011); y* Randy Alcorn, *El cielo (Carol Stream, IL: Tyndale, 2006).*

4. C. S. Lewis, *A Grief Observed* (Nueva York: HarperOne, 2015), pp. 70–71.

5. Sheldon Vanauken, *A Severe Mercy* (Nueva York: HarperOne, 2009), pp. 221–23; énfasis en el original.

6. Ibíd., pp. 221, 223.

7. Dallas Willard, citado por Bob P. Buford, *Finishing Well* (Nashville: Integrity, 2004), p. 18.

CAPÍTULO 6: PREGUNTAS PARA EL CIELO

1. J. I. Packer, *Guard Us, Guide Us* (Grand Rapids: Baker, 2008), pp. 208–10.

2. Ibíd., 199–200; énfasis añadido.

3. Dallas Willard, *Hearing God* (Downers Grove, IL: InterVarsity, 2012), p. 115.

4. Morton T. Kelsey, *Dreams* (Mahwah, NJ: Paulist, 1978), pp. 72–74.

5. Eric Metaxas, «The Golden Fish: How God Woke Me Up in a Dream», *Christianity Today* 57, número 5 (junio 2013), http://www.christianitytoday.com/ct/2013/june/golden-fish-eric-metaxas.html; énfasis en el original.

CAPÍTULO 7: DÁDIVAS DE GRACIA: MÁS SUEÑOS

1. Richard Rohr, *Everything Belongs: The Gift of Contemplative Prayer* (NuevaYork: Crossroad, 2003), p. 135.

2. Bill Watterson, *Calvin and Hobbes*, 13 enero 1991, http://www.gocomics.com/calvinandhobbes/1991/01/13.

3. George MacDonald, *Lilith* (1895; reimpreso Grand Rapids: Eerdman's, 2000), p. 251.

CAPÍTULO 8: LA SENDA DEL DOLOR

1. John Claypool, *Tracks of a Fellow Struggler* (Harrisburg, PA: Morehouse, 2004), p. 12.

2. John Claypool, *Mending the Heart* (Cambridge, MA: Cowley, 1999), p. 57.

3. James Means, *A Tearful Celebration* (Colorado Springs: Multnomah, 2006), p. 46.

4. Jerry L. Sittser, *A Grace Disguised* (Grand Rapids: Zondervan, 2009), p. 45; énfasis en el original.

5. Dietrich Bonhoeffer, *God Is in the Manger* (Louisville, KY: Westminster John Knox, 2010), p. 4.

6. Michael O'Brien, *Sophia House* (San Francisco: Ignatius, 2005; reimpreso 2006), p. 171.
7. Sittser, *A Grace Disguised*, p. 160.

Capítulo 9: De qué manera la muerte cambió mi manera de vivir

1. David Ray, «Thanks, Robert Frost», *Music of Time: Selected and New Poems* (Omaha, NE: Backwaters, 2006).
2. Francis Schaeffer, *Art and the Bible* (Downers Grove, IL: InterVarsity, 1973), p. 61.
3. Randy Alcorn, ed., *We Shall See God* (Carol Stream, IL: Tyndale, 2011), p. 86.
4. *Hombre de acero*, dirigida por Zack Snyder (México: Warner Bros. Entertainment, 2013), DVD.

Capítulo 10: Cuando subí la escalera de la verdad

1. Wayne Grudem, *Teología sistemática: una introducción a la doctrina bíblica* (Miami: Editorial Vida, 2009), p. 203.
2. John Claypool, «The Worst Things Are Never the Last Things», de The Chicago Sunday Evening Club *30 Good Minutes*, programa 3218, 5 febrero 1989, http://www.30goodminutes.org/index.php/support-us/23-member-archives/711-john-claypool-program-3218.
3. James Means, *A Tearful Celebration* (Colorado Springs: Multnomah, 2006), p. 38.
4. John Claypool, *Tracks of a Fellow Struggler* (Harrisburg, PA: Morehouse 2004), pp. 65–66.
5. Ibíd., p. 66.

Capítulo 11: El cielo asombroso: Su escenario

1. *El cielo* (Carol Stream, Ill., Tyndale, 2006).
2. John Gilmore, *Probing Heaven* (Grand Rapids: Baker, 1989); Arthur O. Roberts, *Exploring Heaven* (San Francisco: HarperSanFrancisco, 2003); Peter Kreeft, *Everything You Ever Wanted to Know About Heaven* (San Francisco: Ignatius, 1990).
3. Gilmore, *Probing Heaven*, pp. 91–92.
4. Randy Alcorn, ed., *We Shall See God* (Carol Stream, IL: Tyndale, 2011), p. 124.
5. Brooke Foss Wescott, *The Epistle to the Hebrews* (Grand Rapids: Zondervan, 2007), una descarga EPUB, capítulo. 11, 1663, https://archive.org/details/epistletohebrew00westgoog.

6. J. Sidlow Baxter, *The Other Side of Death* (Grand Rapids: Kregel, 1997), p. 61; el original en cursiva.
7. N. T. Wright, *Surprised by Hope* (Nueva York: HarperOne, 2008), p. 170. [*Sorprendidos por la esperanza: repensando el cielo, la resurrección y la vida eterna* (Miami: Convivium Press, 2011)].
8. Ibíd.
9. Nicolas Berdyaev, *The Divine and the Human* (San Rafael, CA: Semantron, 2009), p. 139.
10. Jonathan Edwards, citado en John Gerstner, *Jonathan Edwards on Heaven and Hell* (Grand Rapids: Baker, 1980), p. 24.

Capítulo 12: El cielo asombroso: Su gente

1. Charles Spurgeon, «The First Resurrection», sermón #391, Metropolitan Tabernacle, Newington, 5 mayo 1861.
2. Arthur O. Roberts, *Exploring Heaven* (San Francisco: HarperSanFrancisco, 2003), p. 110.
3. Steven J. Lawson, *Heaven Help Us!* (Colorado Springs: NavPress, 1995), p. 194.
4. Edward Donnelly, *Biblical Teaching on the Doctrines of Heaven and Hell* (Edinburgh: Banner of Truth, 2001), p. 123.
5. Dallas Willard, citado por John Ortberg, *Guarda tu alma: cuidando la parte más importante de ti* (Miami: Editorial Vida, 2014), p. 23.
6. William Hendricksen, *The Bible on the Life Hereafter* (Grand Rapids: Baker, 1959), pp. 75–76; cursivos en el original [*La Biblia, el más allá y el fin del mundo* (Grand Rapids: Libros desafíos, 1998)].
7. Dallas Willard, *The Divine Conspiracy* (Nueva York: HarperCollins, 1998), p. 395 [*La divina conspiración: Nuestra vida escondida en Dios* (Miami: Editorial Vida, 2013)].
8. Randy Alcorn, *50 Days of Heaven* (Carol Stream, IL: Tyndale, 2006), p. 115 [*50 días del cielo: reflexiones que dan luz sobre la eternidad* (Carole Stream, Ill.: Tyndale House Publishers, 2008)].
9. Roberts, *Exploring Heaven*, p. 33.
10. Ibid., p. 111.
11. N. T. Wright, *Surprised by Hope* (Nueva York: HarperCollins, 2008), p. 294 [*Sorprendidos por la esperanza: repensando el cielo, la resurrección y la vida eterna* (Miami: Convivium Press, 2011)].
12. Dallas Willard, citado por John Ortberg, *Guarda tu alma: cuidando la parte más importante de ti* (Miami: Editorial Vida, 2014), p. 217.

No es el regalo; es el Dador

1. C. S. Lewis, *Mero cristianismo* (Nueva York: Rayo, 2006), p. 146.

Sobre el autor

El doctor Pete Deison es pastor, maestro y presidente de Park Cities Presbyterian Church Foundation. Ha servido como pastor en la Presbyterian Church of America desde 1978 y fue parte del equipo nacional que dirigió el ministerio universitario de CRU. Ahora sirve como pastor asociado en la Park Cities Presbyterian Church en Dallas, Texas, en donde ha dirigido el ministerio de hombres, los ministerios de funciones laborales, la evangelización y la capacitación para directivos, y donde actualmente da clases a un grupo grande de la escuela dominical para adultos. Es orador destacado en el Instituto Kanakuk y autor de *The Priority of Knowing God*. Pete tiene dos hijas casadas y ocho nietos formidables; es pescador ávido y le encanta viajar.